Christian Feldmann

Henri Nouwen

Glaube heißt Sehnsucht

HERDER

FREIBURG · BASEL · WIEN

www.herder.de

Umschlagmotiv: © Kevin Dwyer

Innengestaltung: Weiß – Graphik & Buchgestaltung
Druck und Bindung: fgb · freiburger graphische betriebe
www.fgb.de

Gedruckt auf umweltfreundlichem,
chlorfrei gebleichtem, säurefreiem Papier
Printed in Germany

ISBN-13: 978-3-451-28835-7
ISBN-10: 3-451-28835-4

Inhalt

Prolog

Karriere nach unten

Er ist noch keine vierzig, da steht der Priester und Psychologe Henri Nouwen, ein gebürtiger Niederländer, auf dem Gipfelpunkt seiner Karriere: Professor an der Yale University, internationales Publikum in seinen Seminaren und Trainingskursen, Veröffentlichungen in vielen Sprachen und Auflagen. Bald sollte er der meistgelesene spirituelle Schriftsteller der englischsprachigen Welt sein.

Die Welt der akademischen Elite amerikanischer Theologie lässt seine Sehnsucht nicht zur Ruhe kommen. Das Leben im Scheinwerferlicht der Öffentlichkeit befriedigt ihn immer weniger. Ein Getriebener sei er gewesen, bekennt er selbstkritisch, hektisch und ruhelos, ständig über die eigenen Zwänge und Illusionen stolpernd. Am Ende glaubt er sich die eigenen frommen Sprüche nicht mehr:

«Welche Kraft verkehrte meine Berufung, Zeuge der Liebe Gottes zu sein, in einen ermüdenden Job? […] Vielleicht redete ich mehr über Gott, als dass ich mit ihm sprach. Vielleicht hielt mich mein Geschreibe über das Gebet ab von einem Leben, das wirklich vom Gebet erfüllt war. Vielleicht kümmerte ich mich mehr um das Lob von Männern und Frauen als um die Liebe Gottes. Vielleicht war ich dabei, langsam ein Gefangener dessen zu werden, was die Leute von mir erwarteten, statt ein Mensch, der durch die Verheißungen Gottes die Freiheit erlangt hat.»[1]

1974 geht er für sechs Monate als Gast in das Trappistenkloster Genesee Abbey und sucht in der Begegnung mit der Gemeinschaft der Mönche nach Antworten. Er kehrt zurück mit der Einsicht:

«Klöster baut man nicht, um darin Probleme zu lösen, sondern um Gott aus all seinen Problemen heraus zu loben.»[2]

Doch seine Sehnsucht hält ihn nicht in Yale. Anfang der achtziger Jahre geht er für sechs Monate nach Lateinamerika, lernt Spanisch und teilt das Leben einer Familie in den Slums. Mehrere Lateinamerika-Aufenthalte folgen. Als die Vereinigten Staaten noch stark in Mittelamerika engagiert waren und in Guatemala und Nicaragua blutige Diktaturen unterstützten, um den Kommunismus (oder was die Vereinigten Staaten dafür hielten) zu verhindern, unternahm er eine Vortragsreise durch die USA, versuchte aufzuklären und um Hilfe für die demokratischen Kräfte zu werben. Enttäuscht stellte er danach fest:

«Ich war [...] so erschöpft, dass ich mich kaum auf den Beinen halten konnte, voller Angst, einsam und unruhig und voller Bedrängnis. Während der Reise hatte ich mich als großer Kämpfer für Gerechtigkeit und Frieden gefühlt, stark genug, um der Finsternis der Welt furchtlos entgegenzutreten. Aber hinterher, als alles vorbei war, fühlte ich mich wie ein Häufchen Elend, empfindlich wie ein kleines Kind, das zur Mutter auf den Schoß flüchtet und heult. Sobald die vielen Leute mit ihrem Beifall oder wütendem Protest verschwunden waren, spürte ich eine peinigende Einsamkeit und die Versuchung, den lockenden Stimmen nachzugeben, die Ruhe für Leib und Seele versprachen.»[3]

Mit 53 Jahren, inzwischen lehrt er in Harvard und fast jeder amerikanische Katholik kennt seinen Namen, steigt er 1985 plötzlich und radikal ganz aus der akademischen Welt aus.

Henri Nouwen zieht in eine kleine religiöse Kommune in Kanada, wo geistig Behinderte mit Nichtbehinderten zusammenleben. Er hält keine Vorlesungen mehr, tritt auf keinen Kongressen auf, verzichtet auf den Beifall der Professoren-Kollegen und das respektvolle Interesse der Studenten – und verbringt seine Zeit fortan damit, sich um körperlich und seelisch schwer beeinträchtigte Menschen zu kümmern, die nicht lesen und schreiben, manchmal auch nicht sprechen können.

Ein befreundeter Theologieprofessor besucht ihn und ist entsetzt: «Henri, hier verbringst du also deine Zeit? Du bist doch gar nicht dafür ausgebildet! Warum überlässt du diese Arbeit nicht Leuten, die dazu die praktischen Voraussetzungen haben?»[4]

Doch Henri weiß genau, dass er hierher gehört. Und er schreibt weiterhin Bücher, schreibt sich die Sehnsucht von Seele und Leib.

Seine Beziehung zu Jesus erinnert an Petrus, den Fischer aus Galiläa, der so schnell zu begeistern war und genauso plötzlich völlig verzagt und ängstlich sein konnte. Jeder kennt die Geschichte, wie er Jesus auf dem Wasser entgegengehen wollte: Ein Windstoß genügte, um ihm seinen wild entschlossenen Glauben zu nehmen, der ihn einen Moment lang tatsächlich getragen hatte. Jesus gelang es gerade noch, seine Hand zu erwischen und ihn vor dem Ertrinken zu retten.

«Als er aber sah, wie heftig der Wind war, bekam er Angst und begann unterzugehen. Er schrie: Herr, rette mich! Jesus streckte sofort die Hand aus, ergriff ihn und sagte zu ihm: Du Kleingläubiger, warum hast du gezweifelt? Und als sie ins Boot gestiegen waren, legte sich der Wind» (Matthäusevangelium 14,30–32).

Es ist wieder einmal *unsere* Geschichte, wie immer in der Bibel. Es ist die Geschichte unserer Halbherzigkeit, unserer Furcht vor dem Risiko und vor der radikalen Entscheidung, die ungeahnte Kräfte freisetzen könnte. Das eigentlich Faszinierende ist aber, wie Jesus dem Petrus seine Angst auf den Kopf zusagt, ja sogar seinen Verrat prophezeit – und ihn im selben Atemzug tröstet: «Ich aber habe für dich gebetet, dass dein Glaube nicht erlischt. Und wenn du dich wieder bekehrt hast, dann stärke deine Brüder» (Lukasevangelium 22,32).

Verwundbarkeit und Kraft gehören offenbar zusammen, das Bewusstsein der eigenen Begrenztheit und die Fähigkeit, andere zu stützen. Auf Menschenschwäche hat der Herr seine Gemeinschaft gebaut – weil jedes andere Fundament trügerisch wäre.

Henri Nouwen ist so ein verwundeter Heiler, ein zerrissener Glaubensbruder, mehr als alle anderen spirituellen Autoren und Leitfiguren unserer Tage. Nie redet er aus einer abgeklärten Sicherheit heraus, auch wenn er nach überstandenen inneren Kämpfen Bilanz zieht und sich über die endlich geschenkte Ruhe freut. Nouwens Glaube ist nicht wohltemperiert, bürgerlich, nie am Ziel, auch wenn er gefunden zu haben scheint, was er sucht. Es ist ein heißer Glaube, der anstecken kann, weil er lichterloh brennt.

Die tristen Lebensbedingungen der modernen Welt, Hektik und Profitzwänge, zwischenmenschliche Kälte und atomare Bedrohung, die Grausamkeit der Globalisierung und die himmelschreiende Ungerechtigkeit in der Dritten Welt, all das sieht er scharfsichtig und illusionslos. Wo ist da der gute Gott, wie kann man noch an ihn glauben, hat Religion noch einen Sinn?

Doch Nouwen entdeckt das Chaos, den Egoismus, die Verzweiflung ebenso in sich selbst. Aufrichtig analysiert er seine eigenen Grenzen, sein Bedürfnis nach Aufmerksamkeit, Zuwendung, Bewunderung, seinen Hunger nach Liebe. Er spricht über sein Misstrauen, das immer wieder die Bestätigung braucht: «Ich werde akzeptiert, ich werde geliebt.» Über seine damit zusammenhängende Schwierigkeit, an einen liebevollen Gott zu glauben.

Dass er sich selbst gegenüber so kompromisslos ehrlich ist, dass er um die eigenen Abgründe weiß und sich trotzdem nicht aufgibt, dass er sich in einem stürmischen Vertrauen mit all seinen Ängsten und Lebensnarben in die Arme Gottes wirft, um sich von ihm verwandeln zu lassen – das macht die Faszination des «verwundeten Heilers» aus und seine Bücher so kostbar.

Religion hat in unserer Welt nur dann eine Zukunft, wenn es den glaubenden Menschen gelingt, aufrichtig und überzeugend von ihren Erfahrungen zu sprechen: von Gottes irritierendem Schweigen – und seiner zärtlichen Nähe. Von quälenden Zweifeln – und beglückenden Gewissheiten. Von der Angst, verloren zu gehen – und von der befreienden Begegnung mit einem Gott, der offene Arme hat und ein leidenschaftlich liebendes Herz.

Henri Nouwen starb auf dem Weg nach St. Petersburg, wo er einen Fernsehfilm über sein Lieblingsbild drehen wollte: Rembrandts *Heimkehr des Verlorenen Sohnes* in der Eremitage. Das Gemälde hat ihn zu seinem vielleicht schönsten Buch *Nimm sein Bild in dein Herz* inspiriert. Es handelt von der Sehnsucht, geliebt zu werden – und anderen einen Raum der Liebe zu öffnen, in dem sie leben können.

Nouwen hat diese Sehnsucht radikal gelebt. «Hier enthüllt sich das Geheimnis meines Lebens», schrieb er vor Rembrandts Bild.

«Ich bin weggegangen und gehe immer wieder weg.
Aber der Vater hält Ausschau nach mir
mit ausgestreckten Armen, um mich wieder aufzunehmen
und mir wieder ins Ohr zu flüstern:
‹Du bist mein lieber Sohn, du gefällst mir.›»[5]

1

AUFBRECHEN

Aus dem Garten in die Welt

1 AUFBRECHEN

«Was liegt meinem Wunsch zugrunde,
mich überhaupt ins Leben meiner Mitmenschen einzumischen:
Sucht, Aufgabe, Berufung?»[6]

1932 im Städtchen Nijkerk als Sohn eines Steueranwalts und Notars und einer blitzgescheiten, sprachbegabten Mutter geboren, wuchs Henri Nouwen behütet und umsorgt auf, war aber kein verzärtelter Musterknabe. Henri spielte Priester und mit derselben Begeisterung Indianer, scharte Freunde um sich und übernahm überall ganz selbstverständlich die Führungsrolle. Schon als Kind war Henri Jozef Machiel Nouwen enorm ehrgeizig und energisch, springlebendig, immer voller Ideen und Tatendrang, freilich auch nervös und – so formuliert es sein Bruder Laurent – «hypersensibel».

Obwohl er das älteste von vier Kindern war, fehlte es ihm nicht an emotionaler Zuwendung. Er hätte sich rundum angenommen und geliebt fühlen können, doch irgendeine wilde Sehnsucht war in ihm, die niemand stillen konnte. Er kaute ständig an seinen Fingernägeln herum, war voller Ungeduld, nichts konnte ihm schnell genug gehen – und er wollte immer anders sein als die anderen. Nicht unbedingt besser, aber anders.

Quicklebendig und neugierig: Henri Jozef Machiel im Alter von acht Jahren

Sein Vater Laurent war eine Art Wunderkind gewesen; schon als sechzehnjähriger Notarsanwärter durfte er sich mit dem Titel «Inspektor der Registratur und des öffentlichen Eigentums und Staatsbesitzes» schmücken. An der Universität Nijmegen liefen sich Vater und Sohn später häufig über den Weg:

Eine glückliche Familie Nouwen 1944: Sohn Paul, Vater Laurent, Sohn Henri, Mutter Maria

Vater Laurent erwarb sich hier als Professor für notarielles Recht und Steuerrecht hohes Ansehen, Henri studierte in Nijmegen Psychologie.

Das Verhältnis zwischen den beiden war zugleich innig und spannungsreich, wie so oft, wenn zwei starke Persönlichkeiten miteinander auskommen müssen. Bewunderung paarte sich mit Konkurrenzverhalten, Sehnsucht nach Nähe mit vorsichtiger Distanz. Der Vater war stolz auf seine Kinder, stachelte ihren Ehrgeiz an, war streng und emotional zurückhaltend, was gelegentliche Wutausbrüche nicht verhinderte. Henri selbst schildert seinen Vater in einem Brief als willensstarken Tatmenschen, irritiert von Krankheit und «Versagern» gegenüber ziemlich unbarmherzig, «als einen unnachgiebigen Streiter für Deine Klienten, einen Mann, der keinen Gesichtspunkt außer Acht lässt oder es zumindest nie zugeben wird, einen außer Acht gelassen zu haben! [...] Die Erfahrung hat Dich gelehrt, dass Schwäche zu zeigen keinen Respekt verschafft, und dass es sicherer ist, still seine Last zu tragen, als um Mitleid zu bitten.»[7]

Über manche Dinge konnte Henri einfach nicht mit seinem Vater sprechen – auch nicht, als dieser schon ein alter Herr war. Nachdem er den Gottesdienst zu seinem dreiundachtzigsten Geburtstag zelebriert hatte, an

Zärtliche Zuneigung: Henri (rechts) mit seiner Mutter und seinem Bruder Paul

einem frostigen Wintertag, notierte Henri (54) halb amüsiert, halb betrübt, man habe nur über kalte Füße und rutschige Straßen geredet, aber nicht über die vielleicht bald bevorstehende Begegnung mit Christus. «Für ihn ist die hauptsächliche Frage, wie man jung bleiben könne, während es mir vor allem um das rechte Älterwerden geht.»[8]

Die Mutter hingegen: warmherzig, offen, nachsichtig, kunstverständig. Sie sammelte Bilder und hatte mit dem jungen Chagall korrespondiert. In ihren Augen seien «Liebe und Traurigkeit niemals ganz voneinander zu trennen» gewesen[9], berichtet Henri in dem poetischen Ton, der ihrem Verhältnis wohl am besten gerecht wurde. Sie muss eine Muse für ihn gewesen sein; während der Vater Henris Schriften ungelesen in seinem Arbeitszimmer aufstapelte, verschlang die Mutter alles, was er veröffentlichte, und mit jeder neuen Idee kam er erst einmal zu ihr. Vielleicht hat die Hektik und Überaktivität seines späteren Lebens darin ihre Ursache, dass ihn beide Eltern ständig anspornten, die Mutter allerdings durch Interesse und Lob, der Vater durch strenge Leistungskontrolle.

Familientreffen mit Freunden am holländischen Vatertag 1996: Bruder Paul, Reny Johna, Bruder Laurents Frau Heiltjen, Vater Nouwen, Bruder Laurent, Schwester Laurien, Henri, Franz Johna (v. l. n. r.)

Henris Eltern waren ganz verschiedene Charaktere, und in den Gesprächen am Mittagstisch soll Vater Laurent ironisch mit diesen Unterschieden gespielt haben. «Mit dem Vater konnte man reden, mit der Mutter beten», erinnert sich einer der Brüder. Dennoch ist die oft kolportierte Vorstellung vom lebenslangen unterschwelligen Machtkampf zwischen Vater und Sohn und vom Wetteifern um die Gunst der Mutter zu einfach. Hinter Laurents sprödem Panzer verbarg sich ein sorgendes Herz, das er nur nicht zeigen konnte. Er war ein überzeugter Christ, aber auch ein abwartender Skeptiker. Deshalb legte er Henris Berufswunsch nichts in den Weg, förderte ihn aber auch nicht. Das taten eher die Mutter, die jeden Tag die Messe mitfeierte, und einer ihrer Brüder, «Onkel Toon», der Priester war und die Nouwens gern besuchte. Später gehörte dieser Monsignore Anton C. Ramselaar zu den Pionieren des christlich-jüdischen Gesprächs in den Niederlanden.

Und vor allem gab es im Leben des jungen Henri die Großmama, alles andere als eine verhuschte Betschwester, sondern Besitzerin eines großen

Der kleine Henri spielt Priester wie viele katholische Jungen damals, und es macht ihm sichtlich Freude

Kaufhauses, in dem der kleine Henri mit seinen Kameraden stundenlang mit dem Aufzug auf und ab flitzte. Als der Achtjährige ein Dachzimmer im Elternhaus in eine Kapelle verwandelte, seine zahlreichen Spielkameraden zu Ministranten ernannte und der entnervten Verwandtschaft lange Predigten hielt, gab die Großmutter beim Hausschreiner einen kleinen Spielzeugaltar und bei ihrer Schneiderin eine Garnitur Messgewänder in Auftrag. Das «Priester spielen» war zu jener Zeit in katholischen Familien ganz selbstverständlich; aber neben dem Dienst am Altar hatte Henri noch einen zweiten Traumberuf im Auge: Kapitän wollte er werden und auf der Kommandobrücke eines Ozeandampfers stehen.

«Mein Leben war wohlbehütet verlaufen»

Warum fiel dann doch ziemlich früh die Entscheidung für den Priesterberuf? Nouwen schrieb in seinen Büchern über seine Gefühle und seine Geschichte mit Gott, aber die tiefsten Motive für seine Berufswahl hat er nie geoffenbart, da war er ungewöhnlich diskret. Ein plötzliches Berufungserlebnis wie einen Blitzstrahl vom Himmel habe es sicher nicht gegeben, urteilt sein deutscher Freund Franz Johna, der viele seiner Bücher ins Deutsche übersetzte. Aber eine tragende «spirituelle Grundeinstellung» in der Familie. Schon der kleine Henri, sonst stets umtriebig und unruhig, habe Stunden glücklicher Einsamkeit in der Kirche verbracht.

Bereits mit zwölf wollte er ins Knabenseminar eintreten, was der nüchterne Vater verhinderte: viel zu früh für eine solche Lebensentscheidung. Er schickte Henri auf ein ganz normales Gymnasium. Von den Schrecken der deutschen Besatzung bekam der Junge wenig mit. Nur einmal standen deutsche Soldaten vor der Tür, um den Vater mitzunehmen; doch der hatte sich so gut auf dem Dachboden versteckt, dass sie unverrichteter Dinge wieder abzogen. Und an einen furchtbaren Hungerwinter erinnert er sich, im letzten Kriegsjahr.

Nach dem Abitur in Den Haag 1950 die Priesterausbildung im Seminar Rijsenburg des Bistums Utrecht: zwei Jahre Philosophie, vier Jahre Theologie. Nouwen muss ein so begabter Kandidat gewesen sein, dass ihn sein Bischof – der legendäre Kardinal Alfrink – nach der Priesterweihe 1957 zum Weiterstudium an die römische Gregoriana schicken wollte.

Aber der Fünfundzwanzigjährige spürte instinktiv, was ihm bisher gefehlt hatte. «Mein Leben war wohlbehütet verlaufen», zog er später im Rückblick auf die Priesterweihe Bilanz. «Ich war wie in einem schön gepflegten Garten, der von einer dichten Hecke umzäunt ist, aufgewachsen. Es war ein Garten aus liebevoller elterlicher Fürsorge, unschuldigen Pfadfinder-Erfahrungen, mit täglichem Besuch der heiligen Messe, regelmäßigem Empfang der Kommunion, vielen Stunden des Studiums mit sehr geduldigen Lehrern und Jahren eines glücklichen, aber sehr isolierten Seminarlebens. Ich verließ ihn mit einer großen Liebe zu Jesus und dem brennenden Wunsch, den Menschen in der Welt die Frohe Botschaft zu verkünden, aber ohne mir dabei recht bewusst zu sein, dass nicht jeder auf mich wartete.»[10]

Priesterweihe 1957 (Henri Nouwen vorn der Zweite von links)

Henri Nouwen (Mitte) in einer Besprechung mit Kardinal Alfrink (rechts), 1965

Er habe damals weder «Ungläubige» noch Angehörige anderer Religionen gekannt und auch keine Geschiedenen, höchstens ein paar Protestanten. Nun setzte er seinen eigenen Kopf durch. Mit Kardinal Alfrinks Einverständnis betrieb er ein Zusatzstudium der Psychologie an der katholischen Universität Nijmegen – in der neugierigen Ahnung, dort vielleicht mehr von der Wirklichkeit menschlichen Lebens mit seinen Krisen und Abgründen zu erfahren als in der damals noch allzu sehr im Getto verharrenden Theologie. Zwischendurch absolvierte er Seelsorgepraktika bei *Unilever* in Rotterdam, bei Minenarbeitern, als Militärgeistlicher. Für eine Reederei leistete er Seelsorgedienste bei niederländischen Emigranten, die wochenlang auf dem Schiff nach New York unterwegs waren.

Im berühmten amerikanischen Menninger-Institut in Topeka, Kansas, rundete Nouwen schließlich von 1964 bis 1966 seine Ausbildung ab: Zwei Jahre lang Psychiatrie, Pastoralpsychologie, Krankenhausseelsorge. In Europa war dieses fruchtbare Zusammenspiel von Theologie und Psychologie, Glaube und nüchterner Seelenanalyse damals ziemlich unbekannt. Es gab noch keinen Drewermann – allerdings Vorläufer wie den Psychologen Albert Görres in München oder den Pastoraltheologen Josef Goldbrunner in Regensburg – und es herrschte gegenseitiges Misstrauen. Aufarbeitung von Schuldkomplexen, Befreiung von Zwangsneurosen, Es und Über-Ich, Triebkonflikte, Todessehnsucht und Sigmund Freud – roch das alles nicht nach Atheismus und Unmoral?

Welchen Gott man «ermorden» muss

Neun Jahre nach der Priesterweihe, 1966, trat Nouwen seine erste Dozentenstelle an der katholischen Notre Dame University, Indiana, an. Er unterrichtete Allgemeine Psychologie, spezialisierte sich dann aber immer stärker auf Fragen der Seelsorgepraxis und Spiritualität. Er entwickelte einen lockeren Stil des Lehrens und Schreibens, wie das in Amerika üblich war – während ihn seine niederländischen Mitstudenten als Grübler in Erinnerung hatten, der gern über Problemen brütete.

Hier in Indiana begann er seinen lebenslangen Kampf gegen infantile Gottesbilder, die den Zugang zum menschenfreundlichen Gott der Bibel erschweren: Bei vielen seiner Studenten stieß er auf eine von Schuldgefühlen und Strafängsten geprägte religiöse Sozialisation. «Sie hatten sich von einer Mauer von Verboten umschlossen gefühlt, und Gottes grausame Allmacht, sein Allwissen und seine Allgegenwart hatten ihnen ihre Selbstachtung geraubt. Mit ihrer armseligen Nacktheit dem aufdringlichen, alles durchdringenden Auge Gottes ausgesetzt, hatten sie sich ihrer Identität im Innersten beraubt gefühlt. Solche Menschen führte die Ermordung ihres Gottes zu einer Bekehrungserfahrung […].»[11]

Ein tyrannischer Gott, der zum Hindernis für den Wunsch geworden ist, zum Mitmenschen gut zu sein, ein Gott als verinnerlichter Polizist oder aber ein Gott, der nur noch die Projektion der Sehnsucht nach Schutz und Geborgenheit darstellt, ein lieber Gott, den man mit sich herumträgt, «so wie in den Charlie-Brown-Comics Linus seine Schmusedecke braucht»[12], eine als «Gott» getarnte Neurose, die das Selbstbewusstsein ersetzt und der Ausbildung eines klaren Verstandes und eines autonomen Individuums im Weg steht, ist tatsächlich «abzuschaffen»[13].

Dann hört der Mensch vielleicht auf, um gutes Wetter für das Gartenfest zu beten (oder um Regen – wie die nicht eingeladene sauertöpfische alte Tante, die Nouwen gern zitiert), verwechselt Gott nicht mehr mit dem jeden kindischen Wunsch erfüllenden Weihnachtsmann und bittet stattdessen um Hoffnung und Liebe. Allerdings nimmt sich Nouwen auch die Freiheit, Freuds Religionskritik umzudrehen: Vielleicht sei die Sehnsucht nach Gott nicht einfach die Verlängerung der problematischen Beziehung eines Kindes zu seinem geliebten und gefürchteten Vater. Vielleicht konkretisiere sich in den Gefühlen des Kindes für seinen Vater eine längst im Menschen verwurzelte Idee. «Mit anderen Worten: Wir wären nicht imstande, unseren Vater zu lieben, wenn uns nicht vorher bereits Gott geliebt hätte.»[14]

Henri Nouwens Vision war es zunächst, ein einander befruchtendes Verhältnis zwischen Theologie und Psychologie auch daheim in den Niederlanden in den kirchlichen Ausbildungsgängen zu etablieren. Er ging nach Holland zurück, lehrte in Amsterdam und Utrecht, nahm in Nijmegen noch einmal ein theologisches Zusatzstudium auf. Doch die Spannungen zwischen den beiden Wissenschaften schienen hier unüberbrückbar.

Zudem fühlte er sich nicht wohl in dem Klima, das in der niederländischen Kirche herrschte. Was viele als den großen Aufbruch nach dem Zweiten Vatikanischen Konzil bewunderten, schien ihm zu äußerlich, zu sehr an Strukturen orientiert. Viel gesellschaftspolitisches Engagement, wenig Spiritualität. Henri hatte als Assistent seines Onkels – der an der Vorbereitung der Konzilsdokumente über die Rolle der Laien in der Kirche und über das Verhältnis zum Judentum beteiligt war – an mehreren Sitzungsperioden der Bischofsversammlung in Rom teilgenommen und fragte über die allgemeine Euphorie hinaus in die Tiefe.

Als junger Priester während der Eröffnung des Zweiten Vatikanischen Konzils im Petersdom, 1962 (Henri Nouwen stehend, Dritter von rechts)

Hinter all den Diskussionen über Bischofsernennungen, Gottesdienstformen, Priesterkleidung, Geburtenregelung verberge sich doch das entscheidende Problem: «Glauben wir eigentlich an Gott? [...] Gibt es einen Gott, dem etwas an uns liegt? [...] Ist das Leben mehr als das, was Psychologen, Soziologen, Biologen und Chemiker definieren können? Haben wir noch etwas zu erhoffen, nachdem wir zu Staub zurückgekehrt sind?»[15]

Dabei war Nouwen keineswegs ein unpolitischer, ausschließlich an innerseelischen Vorgängen interessierter Theologe klassischer Prägung. Er reiste häufig nach Cuernavaca in Mexiko, wo er den elf Sprachen sprechenden Zivilisationskritiker Ivan Illich *(Entschulung der Gesellschaft, Die Nemesis der Medizin)* traf, und nach Los Angeles, um Kontakt zur Studentenbewegung zu halten.

Dort in Amerika beeindruckte ihn der Kampf der Schwarzen um ihre Bürgerrechte; Nouwen hatte 1965 an Martin Luther Kings gewaltigem Protestmarsch von Selma nach Montgomery teilgenommen und einen mitreißenden Bericht darüber geschrieben. 1968, als King ermordet worden war, flog er zur Beerdigung und hielt Vorträge in Chicago und anderen Städten: «Um uns herrscht Krieg, mit Tausenden brennender lebender Menschen. [...] Niemand zeigt einen Weg, der diese Gefühle in schöpferische Bahnen lenken könnte.»[16]

«Wenn Gott unsere Welt betrachtet, muss er weinen», sinnierte er viel später in einem seiner letzten Texte. «Gott muss weinen, wenn er auf unsere schöne Erde herabblickt und sieht, dass Tausende verstümmelter Körper auf den Schlachtfeldern liegen, einsame Kinder durch die Straßen der Großstädte streifen, Gefangene hinter Gittern und dicken Mauern weggesperrt werden, Männer und Frauen mit einer mentalen oder psychischen Störung in großen Einrichtungen dahindämmern und Millionen von Menschen durch Hunger und Vernachlässigung sterben. Gott muss weinen, denn er weiß, welche Schmerzen und Qualen wir über uns gebracht haben, weil wir unser Schicksal selbst in die Hand nehmen und den Herrn über andere spielen wollen. [...] Weshalb töten die Serben und die Muslime sich gegenseitig? Weshalb verüben die Protestanten und die Katholiken Bombenanschläge gegeneinander?»[17]

Doch was sich in Bosnien, Südafrika, Irland oder Los Angeles ereigne, unterscheide sich gar nicht so sehr von dem, «was in unserem Herzen geschieht», fügte er sogleich hinzu. «Sobald unsere eigene Sicherheit bedroht ist, packen wir einen Knüppel oder greifen zu einer Waffe und sagen, es komme jetzt darauf an, dass wir selbst überleben, auch wenn Tausende anderer es nicht schaffen. Ich kenne meine eigenen Knüppel und Waffen! Manchmal ist es ein Freund, der mehr Einfluss hat als ich, manchmal Geld oder ein Titel, eine kleine Begabung, die andere nicht haben, Insiderwissen, eine versteckte Erinnerung oder auch nur ein abschätziger Blick [...].»[18] Solche Zusammenhänge sah Nouwen damals hinter einer vordergründigen politischen Anklage verschwinden. Dann hatte er das unangenehme Gefühl, sich einer modischen Strömung anpassen zu sollen, in seinen ureigensten Sehnsüchten und Überzeugungen nicht ernst genommen zu werden.

Was sagt das Evangelium *mir*, mir ganz persönlich in meinen Nöten und Zweifeln? Gibt es eine bedingungslose Liebe, die meine Skepsis zu überwinden vermag, ein Licht, das die Finsternis meines Lebens durchdringen kann? Der Seelsorger soll anderen Menschen Mut zum Glauben machen – wie kann man ihm helfen, in sein eigenes Inneres hinabzusteigen, sich den eigenen Abgründen und Ängsten zu stellen? Das waren die Probleme, die Henri Nouwen umtrieben.

«Wie stelle ich mich zu meinem eigenen Leben und Sterben?», fragte er Kollegen und Anwärter für den seelsorglichen Dienst. «Welche echten Beziehungen habe ich eigentlich zu meinen Nächsten? Was liegt meinem Wunsch zugrunde, mich überhaupt ins Leben meiner Mitmenschen einzumischen: Sucht, Aufgabe, Berufung? Sollte ich von Liebe sprechen, wenn ich in meinem eigenen Herzen Zweifel hege, dass man auf die Liebe sein Leben bauen kann?»[19]

2

NAHE SEIN

Plädoyer für eine befreiende Seelsorge

2 NAHE SEIN

«Seelsorge ist kein Versuch, Menschen zu erlösen, sondern das Unterfangen, ihnen den freien Raum zu bieten, in dem Erlösung stattfinden kann.»[20]

1972, Henri Nouwen war jetzt 39 Jahre alt, siedelte er endgültig in die USA über. Die renommierte Yale Divinity School in New Haven (Connecticut), nicht allzu weit von der Weltstadt New York entfernt, hatte ihm ein lockendes Angebot gemacht: Anstellung als außerplanmäßiger Professor für Pastoraltheologie – ohne theologische Promotion! –, nach fünf Jahren ein ordentlicher Lehrstuhl und die Freiheit, nach eigenem Gutdünken veröffentlichen zu können.

In den folgenden zehn Jahren arbeitete Nouwen sehr hart. Er befasste sich mit Pastoralpsychologie, Meditation und Bibelauslegung, mit den Wüstenvätern und den Mystikern des Mittelalters. Er entdeckte bei van Gogh einen verwundbaren, leidenschaftlich liebenden Gott, bei Chagall die Leichtigkeit einer unbefangenen Religiosität und bei Ringo Starr von den *Beatles* seine eigenen Selbstzweifel und seine Sehnsucht, geliebt zu werden.

Zu vielen Themen ließ er sich von seinen Studenten inspirieren. Fast jedes Jahr brachte er ein neues Buch heraus. *Schöpferische Seelsorge, Von der geistlichen Kraft der Erinnerung, Geheilt durch seine Wunden* hießen diese Bücher – in der deutschen Übersetzung –, *Mit offenen Händen, In ihm das Leben finden* und *Feuer, das von innen brennt.*

Nouwens Leser waren begeistert – so wie der deutsche Professorenkollege, der in einem Bookshop auf dem Uni-Campus von Chicago in einem plötzlichen Interesse Nouwens Buch *Creative ministry* (deutsch: «Schöpferische Seelsorge») erstand und verblüfft feststellte, so etwas habe er noch nie gelesen:

«Hier wird nicht von dem gesprochen, was wir müssen und sollen, sondern von dem, was wir können und nicht mehr können; von dem, was uns unterschwellig irritiert und langfristig verdrossen macht, weil wir es nicht zu packen kriegen oder weil es immer wieder heruntergespielt und mit großen Worten zugedeckt wird. Hier wird es zugelassen, angeschaut, beim Namen genannt, in das Gesamt menschlicher Mühsal eingeordnet – und ruhig in das Licht des Evangeliums gerückt, in den Horizont der unabgegoltenen Verheißungen Gottes. [...] Seelsorge ist nicht dazu da, einzubleuen, was alle längst gesehen und schon tausendmal gehört haben, sondern dazu, Auge und Ohr aufzuschließen für den Gott, dessen letztes Wort in der Bibel lautet: ‹Seht, ich mache alles neu.›»[21]

Was war denn das aufregend Neue in diesen fast schon provozierend schlicht geschriebenen, schmalen Büchern, die auf das Fachchinesisch der Theologen, Psychologen und Soziologen verzichteten, weder geistige Revolutionen noch gesellschaftliche Umwälzungen versprachen und ohne rabiate Attacken auf Amtskirche und Kleingläubige auskamen?

Vielleicht war es das Zauberwort «Nähe». Denn ob es um den aufmerksamen Umgang mit der eigenen Seele ging, um die Beziehungen zu anderen Menschen oder um das Verhältnis zu Gott, stets machte der liebevoll besorgte und zugleich scharf analysierende Nouwen dieselbe Beobachtung: Immer klafften Sehnsucht und Realität auseinander, immer stand dem gewaltigen Bedürfnis nach Nähe und Beziehung die misstrauische Scheu entgegen, sich zu öffnen, sich verwundbar zu machen, den Schutzpanzer aus Konventionen und Kontrollmechanismen aufzugeben, sich wirklich auf einen anderen Menschen einzulassen.

Und danach hungerten sie doch, all die Trostlosen, Enttäuschten, Betrogenen, Gebrochenen und Verzweifelten, nicht nach einer klugen Predigt – obwohl die gewiss nicht zu verachten war –, sondern nach Nähe! Nouwen: «Wer schweigend bei seinem Kameraden sitzen kann, ohne zu wissen, was er sagen soll, aber mit dem Bewusstsein, dass er jetzt dableiben muss, der kann ein Herz, das dem Tod nahe ist, zu neuem Leben ermutigen. [...] Woher kommt es, dass wir diese großartige Begabung zum Da-sein füreinander so tief versteckt halten? Woher kommt es, dass wir ständig unsere Groschen verteilen und uns dabei scheuen, dem Bettler ins Gesicht zu sehen? [...] Warum laufen wir ständig aneinander vorbei, ständig unterwegs zu irgend etwas oder irgend jemandem ganz wichtigem?»[22]

Nouwen kannte sie genau, die Frustrationen der Erfolgreichen, die innere Leere der Gutverdienenden, das Erschrecken der Workaholics und der Geltungsbedürftigen, wenn die Fassade von Glück und Sicherheit einzustürzen drohte. Er wusste, dass Angst und Armut nicht nur in Slums und entvölkerten Kleinstädten lauerten, sondern auch bei den Söhnen und Töchtern der superreichen Entertainer und Geschäftemacher in New York und Los Angeles.

Viel Arbeit für die Priester Gottes, die seine Barmherzigkeit in der Welt sichtbar machen sollen. Doch gerade die glühendsten Idealisten unter ihnen leiden laut Nouwen an einer gefährlichen Krankheit: am «Erlöserkomplex». Keine Pfadfinder-Gruppenstunde, kein Arbeitskreis für soziale Probleme, keine Bibelrunde ohne so einen Pfarrer. Er ist beliebt, geschätzt, anerkannt. Er ist immer zu sprechen, schläft wenig, kommt kaum zu einem Buch oder Tennisspiel, hat keine Zeit mehr für sich, nur für seine Pflichten.

Ein Heiliger – oder ein armer Tropf? Nach vier, fünf Jahren weicht der betriebsame Idealismus einer großen Müdigkeit. Kaum etwas hat sich geändert, die Menschen sind sich gleich geblieben. Es gibt keine Visionen mehr, keine Inspiration, keine Freude an der Arbeit. Aus dem Idealisten ist ein orientierungsloser, depressiver, bitterer Mensch geworden.

Doch es ist nicht der betrübliche Lauf der Welt, dass es zu solchen menschlichen Tragödien kommt, es ist eine völlig falsch programmierte Ausbildung, der Nouwen die Schuld gibt. Priesterseminaristen würden dazu erzogen, mit hektischem Aktivismus und ständiger Dienstbereitschaft vor den eigenen Problemen und Bedürfnissen davonzulaufen. Nouwen schildert seine Begegnung mit so einem Pfarrer, der ihm verlegen gestand: «Ich glaube, ich habe dauernd zu tun, um der peinlichen Beschäftigung mit mir selbst auszuweichen.»[23]

Priesterseminaristen wachsen auf wie beim Militär: ständig kontrolliert, ob sie nun essen oder beten, studieren oder Sport treiben, ständig «unter

Verschluss»[24]. Sie entwickeln keine Selbstständigkeit, sie fühlen sich dauernd unter Beobachtung irgendeiner Autorität, sie lernen nicht, etwas zu delegieren, sie bleiben in einem Netz ungeklärter Beziehungen hängen. Supervision – das Hineinwachsen in die Praxis unter sorgfältiger Begleitung – gibt es bei Ärzten, Psychologen, Sozialarbeitern; bei Priestern kaum.

Deshalb begreifen sie auch nicht, dass ihre Lernzeit mit dem Antritt der ersten Stelle keineswegs zu Ende ist, sondern jetzt erst richtig beginnen könnte. Für den Mediziner ist das Krankenhaus ein spannendes Forschungsfeld – aber wie sieht der Priester seine Gemeinde? «Gibt es Seelsorger, denen deutlich vor Augen steht, dass die Menschen, mit denen sie täglich zu tun haben, eine der Hauptquellen ihrer theologischen Erkenntnis sind? Seit Gott Mensch geworden ist, ist der Mensch die Hauptquelle für die Erkenntnis Gottes geworden. [...] Der Priester sieht sich tagtäglich lebendigen menschlichen Dokumenten gegenüber, und wenn er imstande ist, sie zu lesen [...], kann sein Leben immer wieder neu, überraschend, inspirierend und schöpferisch sein.»[25]

Die Angst des Mr. Harrison

Gern erzählte Nouwen seinen Studenten von Mr. Harrison, einem nicht besonders redebegabten Landarbeiter, der sich in einem Großstadtkrankenhaus einer gefährlichen Beinoperation unterziehen muss und sich dort völlig verloren fühlt, und von dem Theologiestudenten John Allen, der sein praktisches Jahr in der Krankenhausseelsorge absolviert. Und von den Gesprächen zwischen den beiden, die eine Katastrophe sind, weil sie einander nicht verstehen. Mr. Harrison versteckt seine Todesangst und seinen Protest gegen die kalte Welt der Apparatemedizin hinter ruppigen Bemerkungen, und John Allen ist frustriert, weil er mit seinen frommen Trostfloskeln nicht ankommt. Ihn erwarte «nichts und niemand», wenn er hier wieder herauskomme, sagt Mr. Harrison, «nur Plackerei». Die Operation am Tag nach dem letzten Gespräch hat er nicht überlebt.

John hat es richtig zu machen versucht, er hat Mr. Harrison nach den Regeln der «nichtdirektiven Therapie» reden lassen, behutsam und distanziert, wie er es im Unterricht gelernt hat. Er hat nicht begriffen und nicht begreifen können, dass dieser ungehobelte Mensch nach der personalen Zuwendung eines Bruders gerufen hat. «Nichts und niemand erwartet mich», sagte Mr. Harrison. John hätte ihm leidenschaftlich widersprechen müssen: «Ich bin hier, und ich warte auf Sie.»

Nouwen: «Leben hat keinen Sinn, wenn niemand da ist, für den man lebt. Wenn aber jemand zu seinem Mitmenschen sagt: ‹Ich lasse dich nicht los. Ich bin morgen wieder hier und warte auf dich und rechne fest damit, dass du mich nicht enttäuschst›, dann ist das Morgen kein dunkler Tunnel mehr, der kein Ende hat. Es nimmt Fleisch und Blut an in dem Bruder, der da wartet, und für den man es noch einmal mit dem Leben versuchen will.»[26]

Denn die belastete Vergangenheit und die leere Zukunft eines Verzweifelten kann man nicht durch Worte füllen, sondern nur mit der leibhaftigen Gegenwart eines Menschen – mit Nähe. Gerade dem kirchlichen Leitungspersonal aber fehle es eklatant an der Fähigkeit zur Nähe, zur geistlichen Führung. Nouwen: Statt Liebe zu verschenken und anzunehmen, hätten sie den Weg der Macht und Bevormundung eingeschlagen. «Das Denken der meisten dreht sich nur noch um Organisation im großen Stil, Kirchenbesucherzahlen, Schulen, Krankenhäuser und darum, ihr Unternehmen wie eine Art Direktor zu leiten. Die tiefen und geheimnisvollen Regungen des Geistes sind ihnen nicht mehr vertraut und erfüllen sie sogar mit Scheu.»[27]

«Menschen Gottes» müssen sie sein, die Seelsorger der Zukunft, nicht einfach moralisch einwandfreie Fachleute mit gediegener Ausbildung und gutem Willen: «Menschen mit der brennenden Sehnsucht, in Gottes Gegenwart zu leben», mit einem Herzen, «das mit Gott tief vertraut ist», um die eigenen Abgründe wissend, aber im Gebet auf die Stimme der Liebe hörend, «Mystiker» statt «Moralisten».[28] Leute, die bereit sind, ihren eigenen Glauben, ihre eigenen Ängste und Zweifel, ihre eigene

Hoffnung auszusprechen und an die anderen weiterzugeben, damit die sich darin wiedererkennen und vertrauensvoll öffnen.

Nur dann kann das Wort des Evangeliums auf fruchtbaren Boden fallen, wenn es jemand verkündet, der davon begeistert, verstört, aufgewühlt, in Erregung versetzt ist – nicht ein Kirchenbeamter, der seine Pflicht tut. «Sein Leben hingeben für Menschen bedeutet: mit ihnen nicht nur seinen Glauben, sondern auch seine Zweifel teilen; nicht nur seine Hoffnung, sondern auch seine Mutlosigkeit; nicht nur seine Freude, sondern auch seine Niedergeschlagenheit; nicht nur seine Tapferkeit, sondern auch seine Angst; bedeutet: miteinander mit dem Herrn des Lebens in Berührung kommen.»[29]

Nicht darin bestehe Seelsorge, nervös herumzuhasten und andere Leute mittels zündender Ideen und intelligenter Ratschläge vor dem Verderben zu retten. Erlöst seien sie schon, von Christus. Nein, Seelsorge bedeute die eigene Lebenserfahrung mit den Menschen zu teilen, sich selbst – Nou-

Als Schiffsgeistlicher (rechts) der „Holland–America Line“ bei der Ankunft in New York, 1962

wen schwärmte für *Simon and Garfunkel* und ihren Ohrwurm *Bridge over troubled water* – als einladende Brücke über das reißende Wasser zu legen.[30]

Zugleich muss sich dieser Seelsorger, auf dessen Lebenserfahrung und innere Glut es so entscheidend ankommt, von der Sucht befreien, gebraucht zu werden und sich für unentbehrlich zu halten; «das einzige, was er mitbringen soll, ist er selbst in aller Ungeschütztheit und Verwundbarkeit. Auf genau diese Art ist auch Jesus zu den Menschen gekommen und hat ihnen Gottes Liebe offenbart.»[31] Seelsorger müssen sich bewusst sein: «Nicht wir sind die Heiler, nicht wir sind die Versöhner, nicht wir sind die Spender des Lebens.»[32] Schwache, bruchstückhafte, verwundbare Menschen sind sie, deren begrenzte, manchmal hilflose Zuwendung Gott zum Durchgangstor seiner grenzenlosen Liebe machen will; darum darf Seelsorge keine Einbahnstraße, sondern muss ein Austausch zwischen Menschen sein, von denen keiner bloß gibt und keiner nur nimmt.

Nur Verwundete können heilen

Dass Nouwen bei aller Hochschätzung psychologischer Einsichten und Heilmethoden im Seelsorger nie einen bloßen Therapeuten sehen wollte und dass seine Theologie auf die persönliche Begegnung mit Christus zielte, gefiel natürlich nicht allen seinen akademischen Kollegen. Doch Kritik an seinem wissenschaftlichen Niveau ließ den sonst so Empfindlichen ziemlich kalt. Er riet den Fachleuten, sich nicht zu überschätzen, und beharrte darauf, dass menschliche Nähe viel wichtiger sei als die beste Diagnose und Therapie.

Es erschreckte ihn, wie wenig spirituelle, einander stützende Gemeinschaft er in den Priesterseminaren und an den theologischen Fakultäten entdecken konnte, wie viel zynisches Karriere- und Konkurrenzdenken, wie wenig Freude: Viele Ordensobere und Seminardirektoren, sagte er einmal, würden nur schlafwandeln, und doch könnten sie tanzen![33]

Immer wieder ermunterte Nouwen die Priester und pastoralen Mitarbeiter dazu, sich dem eigenen Schatten zu stellen, unbefangen ihre Schwäche zu zeigen. Wie könnten sie sich denn angenommen und geliebt fühlen, wie könnten sie den Menschen ihrer Gemeinde wirklich begegnen und beistehen, wenn sie ihre Mängel und Sünden vor ihnen verstecken müssten, voller Scham und Schuldgefühle, unfähig, zu verzeihen und sich verzeihen zu lassen? Wie könnten sie so mit ihrem Zärtlichkeitsbedürfnis und dem Leiden an der Einsamkeit umgehen? Nouwen: «Wir wandeln durchs Leben, als hätten wir eine Osterkerze verschluckt, steif und angespannt, immer in der Angst, irgendetwas könnte uns außer Kontrolle geraten.»[34]

Unbefangen thematisiert Nouwen die ganz spezielle Anfälligkeit des geistlichen Führungspersonals für «primitive Fleischessünden». Was wohl daran liege, «dass sie nicht wirklich selber die Fleischwerdung wahrhaben und leben. Sie halten sich abseits von ihrer eigenen konkreten Gemeinschaft, versuchen, ihre Bedürfnisse zu bewältigen, indem sie sie verleugnen oder an weit entfernten Plätzen in der Anonymität befriedigen, und die Folge ist, dass der Zwiespalt zwischen ihrer ganz persönlichen inneren Welt und der Frohen Botschaft, die sie verkündigen, immer größer wird.»[35]

Selbstverständlich sollten die Seelsorger jetzt nicht ständig ihre Sünden von der Kanzel herunterposaunen. Aber sie hätten einen Ort nötig, wo sie sich aufgehoben fühlen und das, was sie peinige und umtreibe, mit anderen Menschen teilen könnten. Die große Illusion bestehe für einen Priester in der Annahme, «es könne jemand den Menschen aus seiner Wüste herausführen, ohne selbst je dort gewesen zu sein»[36]. Doch wenn er seine eigene Einsamkeit, Angst und Verwundung akzeptiere und zu verstehen suche, könne er die Schwäche in Stärke verwandeln, in eine Quelle der Heilung für seine Mitmenschen.

Den Leuten zu erzählen «Machen Sie sich nichts draus, ich leide unter derselben Depression und Verwirrung wie Sie», das helfe niemandem. Es gehe darum, im Umgang mit eigenem Schmerz und Leid in die Tiefen der menschlichen Natur hinabzusteigen, die allen gemeinsam seien, und diese

Erfahrungen mit den anderen zu teilen. Dann könnten die Menschen vielleicht begreifen, «dass ihre Wunden nicht so sehr Grund zur Verzweiflung und Verbitterung sind, als vielmehr Zeichen dafür, dass sie gehorsam dorthin weiterziehen müssen, wohin ihre Wunden sie rufen.»[37]

Seelsorge hat laut Nouwen nicht deshalb heilende Wirkung, weil sie den anderen von Einsamkeit und Schmerz befreit, sondern weil sie ihm hilft, diese Erfahrungen zu bejahen, zu teilen, zu verwandeln. «Wenn eine Frau den Verlust eines Kindes erleidet, ist es nicht Sache des Seelsorgers, sie damit zu trösten, dass sie zu Hause ja noch zwei schöne, gesunde Kinder hat; es ist vielmehr seine Aufgabe, ihr zu der Einsicht zu verhelfen, dass der Tod ihres Kindes sie auf ihre eigene Sterblichkeit verweist, die auch er selbst und andere mit ihr teilen.»[38]

Seelsorge bringe den anderen zu Bewusstsein, «dass sie sterblich und gebrochen sind, aber auch, dass man frei wird, sobald man das anerkennt. [...] Wenn wir entdecken, dass wir vor unseren Schmerzen nicht zu fliehen brauchen, sondern sie für eine gemeinsame Suche nach dem Leben nutzbar machen können, verwandeln sich sogar diese Schmerzen, in denen sich unsere Verzweiflung bekundet, in Hoffnungsstrahlen.»[39] Denn hinter dem «schmutzigen Vorhang» unserer Schmerzsymptome wird etwas Großes sichtbar: «das Antlitz dessen, nach dessen Bild wir geschaffen sind»[40].

So wird der Seelsorger Liturgie gestalten: als ein Geschehen, in dem Freud und Leid einander berühren und wo man das Leben und den Tod zugleich feiern kann. Er wird die Welt mit erwartungsvollem Blick anschauen, und vielleicht wird es ihm gelingen, den Schleier zu lüften, der ihre verborgenen Möglichkeiten verhüllt. Er wird das Gespür für Gottes Gegenwart in seinem eigenen Leben und in dem anderer entwickeln und den Menschen damit helfen, sich ihrer selbst bewusster zu werden und den lebensspendenden Geist Gottes in einer oft so kranken und kaputten Welt zu entdecken.

3

SCHWEIGEN

Begegnung mit der Freiheit der Mönche

3 SCHWEIGEN

«Ich war in meine eigenen Zwänge und Illusionen verliebt.»[41]

An der Yale University galt Henri Nouwen als bunter Vogel. Amerikanische Theologen, Therapeuten und Hochschulprofessoren sind an sich schon ganz anders als ihre spröden europäischen Kollegen, lebendiger, ungezwungener. Henri aber stellte auch unter ihnen eine Ausnahme dar.

Wenn er einen Vortrag hielt, blieb er nicht am Rednerpult stehen, sondern lief vor seinem Publikum hin und her, lebhaft gestikulierend, mit dem ganzen Körper sprechend, durch die Reihen tänzelnd, immer in Bewegung. Er trippelte auf Zehenspitzen vorwärts und streckte die großen Hände zur Decke empor, um mit erregter Stimme irgend eine Vision zu beschreiben; dann wieder schloss er in tiefer Konzentration die Augen und formulierte leise, tastend, was ihm auf der Seele brannte.

Manche stieß das schauspielerische Gehabe ab, wie sie es nannten; viele waren begeistert von der Authentizität, mit der Nouwen Körper und Geist, Herz und Verstand zusammenbrachte und das Auditorium an seiner inneren Bewegung Anteil nehmen ließ. Seine Gottesdienste, die er am liebsten mit kleinen Gruppen von Studenten oder Freunden feierte, hatten nichts von steifer Würde an sich und erfüllten die Teilnehmer doch zwangsläufig mit einer tiefen Ehrfurcht vor dem Mysterium. Er bevorzugte einen niedrigen Holztisch und einen blanken Glaskelch statt der goldenen Altargeräte und der Steinarchitektur großer Kirchen, weil er sich so dem Mahl Jesu mit seinen Freunden näher fühlte, und diese Intimität teilte sich den Feiernden mit, genau wie seine stille Freude.

Nouwens temperamentvolle Körpersprache war wohl keine bewusst eingenommene Pose. Wenn er einsam für sich betete oder eine Vorlesung vorbereitete, waren ebenfalls alle Sinne beteiligt. Sein Bruder Laurent hat ihn beobachtet, «wie er oft beim Beten auf und ab ging und laut mit Gott redete, ihn anklagte, mit ihm rang, ihn nach dem Sinn all dessen, was er

© Ron van den Bosch

Mitreißend: Dozent in Yale

erlebt hatte, fragte, ihn anflehte und vor ihm weinte. Wenn er Brevier betete, dann sprach er laut die Psalmworte und stellte sie sofort wieder in Frage. Er machte ein persönliches Gespräch daraus.»[42]

Und warum sollte er seine Nöte und Freuden verstecken? Für viele, die ihm begegneten, war er ein offenes Buch, bisweilen etwas anstrengend, aber mit seinen offen gezeigten Schwächen und durchsichtigen Bedürfnissen jemand, dem man sich ohne Scheu anvertrauen konnte, den man umarmen, mit dem man weinen und vor Glück tanzen konnte. Nouwen war ein Hektiker und Workaholic wie aus dem Lehrbuch, ein Getriebener, der als hervorragender Psychologe genau wusste, was er falsch machte, und doch nicht anders konnte und mit seiner gnadenlos aufrichtigen Selbstanalyse unzählbaren Leidensgenossen zu helfen vermochte.

Je älter er wurde, desto hilfloser verfing er sich in dem Teufelskreis aus Selbstüberforderung und Erschöpfung, manischer Arbeitswut und lähmender Depression. Seine Tage hätten sechzig Stunden haben müssen.

Wie ein Hamster im Rad rannte er zwischen Vorlesungen und Seminaren, Beratungsgesprächen und Interviews, Vorträgen, Trauungsansprachen, therapeutischen Gruppen hin und her. Dazu die zahllosen Telefonate zu jeder Tages- und Nachtzeit, die Abgabetermine für Aufsätze und Buchmanuskripte, die Briefe, die sich auf seinem Schreibtisch stapelten. Wie viele Monate seiner Lebenszeit mag er im Flugzeug verbracht haben?

Abschalten, Ferien machen, einfach mal alles liegen lassen, das hat er nie so richtig gelernt. Sein Bruder Laurent wollte mit ihm und Freunden in Kanada eine Kanureise machen – und traute seinen Augen nicht, als Henri mit einem Koffer voller Bücher ankam, die er beim Kanufahren lesen wollte!

Typisch ist auch die Geschichte vom Fitness-Club, in den er seinen Freund Jonas begleitete, obwohl ihm Sport immer als Zeitverschwendung erschienen war. Aber warum nicht einmal etwas gegen die ständige Müdigkeit tun? Nouwen meinte, in eine Folterkammer geraten zu sein, und fand es eigenartig, dass alle nur schwitzten und keuchten und niemand ein Wort sagte. Aber die größte Enttäuschung war die, dass er sich völlig umsonst einen Walkman gekauft hatte, um die Zeit auf dem Laufband und im Dampfbad sinnvoll zu nutzen und einen Vortrag des Dominikaners Matthew Fox zum Thema *Schöpfung, Spiritualität und die sieben Chakras* hören zu können. Es war nicht möglich, das Laufband beanspruchte seine ganze Aufmerksamkeit.[43]

Oft genug riss er aus, fuhr zu Freunden, um dort ein paar Erholungstage zu verbringen, schärfte ihnen händeringend ein, niemandem seinen Aufenthaltsort zu verraten, kein Telefonat durchzustellen – und stürzte am zweiten und dritten Tag in eine ernste Krise, wenn ihn niemand anrief und besuchte: Brauchte ihn denn keiner mehr, hatte die Welt vergessen, dass es Henri Nouwen gab?

Er war für seine großzügigen Geschenke und kleinen Aufmerksamkeiten bekannt, er verschickte liebend gern Blumensträuße und Bücher mit sensiblen Widmungen – und war todtraurig, wenn kein Echo zurückkam. Henri hatte ein unstillbares, stürmisches Bedürfnis nach Zuneigung – und merkte in der Regel gar nicht, wie er seine Freunde damit nicht selten überforderte und schier erdrückte. Wenn sie dann ein wenig auf Abstand gingen, fiel er aus allen Wolken und fühlte sich verstoßen und ungeliebt.

«Blanke Unruhe und Angst»

Seine Studenten und ein beständig wachsendes Leserpublikum verehrten ihn wie einen Engel, aber Henri selbst fühlte sich erbärmlich und unzufrieden. In seinen *Gebeten aus der Stille,* die in der amerikanischen Urfassung den bezeichnenden Titel tragen *A cry for mercy,* «Ein Schrei um Erbarmen», geißelt er sich für seine «ichbezogenen Grübeleien» und seine «Litanei von Selbstbemitleidungen»[44]. Noch in seinem letzten Lebensjahr schrieb er in sein Tagebuch, er sei immer wieder überrascht, wie schnell sich das Gefühl, von allen verlassen zu sein, einstelle. «Blanke Unruhe und Angst, eigentlich ohne ersichtlichen Grund. [...] Ich glaube nicht, dass diese Wunde – dieses große Verlangen nach Zuneigung, diese große Furcht, abgewiesen zu werden – jemals verheilen wird.»[45]

Henri führte ein reiches, ausgefülltes Leben – und vermisste doch die Tiefe darin. «Wo stehe ich als Christ?», vertraute er seinen Lesern resigniert an. «Ich suche immer noch den inneren Frieden, ein fruchtbares Verhältnis zum Nächsten und die Erfahrung Gottes, und weder ich noch sonst jemand kann mit Sicherheit feststellen, ob die leichten psychischen Veränderungen, die in den letzten Jahren eingetreten sind, mir als geistlichem Menschen zum Vorteil oder zum Nachteil gereicht sind.»[46]

Aus eigener Kraft würde er nicht finden, was er suchte. Henri Nouwen beschloss, noch einmal in die Schule zu gehen – bei den Meistern radikaler religiöser Erfahrung, bei den schweigenden Mönchen. Es gelang ihm, für sieben Monate als Gast in einem Trappistenkloster aufgenommen zu werden. Es war die noch sehr junge Abtei Genesee im Norden des Staates New York, erst 1951 gegründet. Der Abt John Eudes Bamberger, ein Weggefährte des auch von Nouwen hochverehrten Thomas Merton, war ausgebildeter Mediziner und Psychiater.

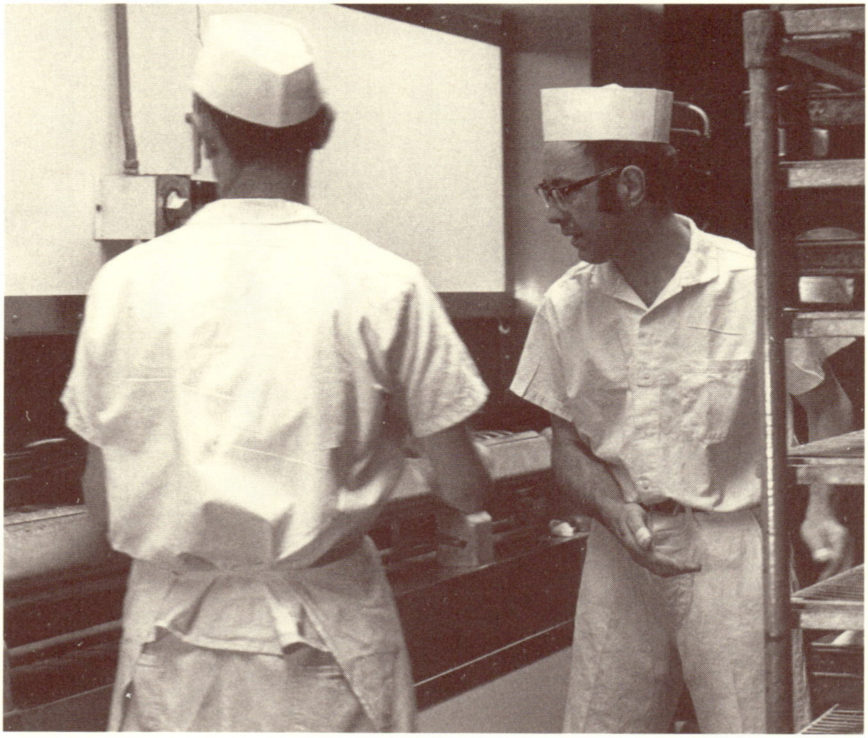

In der Klosterbäckerei von Genesee Abbey

Aber die Möglichkeit zum Gedankenaustausch zwischen zwei hochqualifizierten Psychologen spielte gar keine große Rolle für Nouwens Entschluss. Als einfacher Gastmönch – bei den Trappisten eine Ausnahme – fügte er sich in das überaus schlichte Leben der Gemeinschaft ein, teilte ihre kargen Mahlzeiten, stand mitten in der Nacht zum Chorgebet auf, schleppte Steine für die gerade im Bau befindliche Kapelle, half beim Backen des Rosinenbrotes, mit dem die Mönche ihren Lebensunterhalt verdienen, stand stundenlang am Fließband, um das Brot zu verpacken und zu etikettieren: 15 000 Laibe pro Woche, in glühender Hitze.

Er stellte überrascht fest, welch interessante Persönlichkeiten sich in den spröden Schweigern verbargen: Christian, mit dem zusammen er in der Küche Kartoffeln schälte, hatte ein grauenhaft süßliches Madonnenbild über dem Herd hängen. Doch im Bilderrahmen steckte ein Schildchen mit dem in prächtig verschnörkelten Buchstaben gemalten Gebet *Bless this Mess* – «Segne diesen Saustall.» Nouwen: «Er hat einen Humor, der allen schlechten Geschmack relativiert.»[47]

Und er versuchte in die Tiefen der eigenen Seele hinabzusteigen – voller Angst, was er dort finden würde: «Mir standen alle diese Fragen nicht so klar im Bewusstsein, aber ich erkannte jedenfalls, dass ich nur dann zu größerer Klarheit kommen konnte, wenn ich einmal auf Abstand gehen und den unbarmherzigen Fragen erlauben würde, an mich heranzukommen, selbst auf die Gefahr hin, dass sie mich verletzen könnten. Doch es war nicht so leicht, Abstand zu gewinnen. Es war mir gelungen, mich mit so vielem zu umgeben – Schulstunden, die ich vorbereiten, Vorlesungen, die ich halten, Menschen, die ich treffen, Anrufen, die ich tätigen, und Briefen, die ich beantworten musste –, dass ich nahe daran war zu glauben, ich sei ein unentbehrlicher Mensch.»[48]

Und weiter: «Als ich meinen Zustand näher betrachtete, wurde mir klar, dass ich mich in einem Spinnennetz seltsamer Widersprüche verfangen hatte. Ich klagte zwar darüber, dass man so viele Forderungen an mich stellte, aber mir wurde unbehaglich zumute, wenn sie einmal ausblieben. Ich jammerte über die Last der Korrespondenz, aber ein leerer Briefkasten machte mich trübsinnig. Ich murrte über die ermüdenden Vortragsreisen, aber ich empfand tiefe Enttäuschung, wenn keine Einladungen kamen. [...] Kurz: ich war voll Sehnsucht nach dem Alleinsein und hatte zugleich doch Angst davor, allein gelassen zu werden. Je mehr ich mir dieser Widersprüche bewusst wurde, desto mehr begann ich einzusehen, wie sehr ich in Wirklichkeit in meine eigenen Zwänge und Illusionen verliebt war und wie sehr es mir Not tat, auf Abstand zu gehen und der Frage auf den Grund zu kommen: ‹Gibt es unterhalb des Hin- und Hergewoges von Bestätigt- und Zurückgewiesenwerden in meiner kleinen Welt einen ruhigen, beharrlichen Strom? Gibt es einen Fluchtpunkt, in dem mein Leben verankert ist und von dem aus ich voll Hoffnung und Zuversicht in die Welt hinausgehen kann?›»[49]

Was man beim Bergsteigen falsch machen kann

Es war ein schmerzlicher, aber auch befreiender Lernprozess. Inmitten der schlichten Gemeinschaft der Mönche – die er keineswegs idealisierte – begriff Nouwen, wie sehr er sich selbst im Wege stand. Er verzettelte sich offenbar in tausend Ideen und Träumen und Aktivitäten, sehnte sich nach Gottes wärmender Gegenwart – und übersah, dass er ihm in all diesen Dingen längst nahe war.

Seine Situation fand er in der Unterscheidung zwischen selbstsüchtigem und selbstlosem Bergsteigen wieder, die der schräge US-Philosoph Robert Maynard Pirsig in seinem Roman *Zen und die Kunst, ein Motorrad zu warten* vorführt: Der kletternde Ichmensch denkt dauernd an das ferne Ziel, ruht sich nicht aus, wenn er müde ist, übersieht, wie schön das Sonnenlicht in den Bäumen spielt, weil er nur den Gipfel im Auge hat. So geht es ihm auch, dem aufs eigene Ich fixierten Gastmönch Nouwen: «Ich habe so viele Ideen, über die ich schreiben, so viele Bücher, die ich lesen, so viele Fertigkeiten, die ich erwerben möchte – die Motorradpflege gehört mittlerweile auch dazu –, und so viele Dinge, die ich jetzt oder später anderen sagen möchte, dass ich einfach nicht *sehe,* wie Gott rings um mich ist. Ich will immer sehen, was vor mir liegt, und ich übersehe ihn, der mir so nahe ist.»[50]

Immer klarer entfaltete sich die Idee, «ich könnte doch all meine Gedanken, Vorstellungen, Pläne, Vorhaben, Sorgen und Anliegen, statt sie *aus*zuschließen, *ein*schließen und zum Gebet machen. Anstatt meine Aufmerksamkeit allein auf Gott richten zu wollen, könnte ich meine Aufmerksamkeit auf all das richten, an dem ich hänge, und es den allumfassenden Armen Gottes übergeben.»[51] Denn: «Das geistliche Leben besteht nicht aus irgendwelchen besonderen Gedanken, Vorstellungen und Gefühlen, sondern steckt in den einfachsten, ganz gewöhnlichen Erfahrungen unseres Alltagslebens.»[52]

Henri begann seine Abhängigkeiten zu durchschauen: seine Sucht nach Aufgaben, nach Anerkennung, nach Lob. Frust und Enttäuschung waren damit vorprogrammiert. Er gestand sich seine nagenden Emotionen ein:

«Gefühle der Feindseligkeit gegenüber Leuten, die mir nicht die gewünschte Aufmerksamkeit geschenkt hatten. Gefühle der Eifersucht gegenüber solchen, die mehr empfingen als ich, Gefühle des Selbstmitleids im Hinblick auf Menschen, die mir nicht geschrieben hatten, und viele Gefühle des Bedauerns und der Schuld gegenüber Menschen, zu denen meine Beziehungen gespannt waren. [...] Ich bin ungeduldig, ruhelos, voller Voreingenommenheit und schnell misstrauisch.»[53]

Hier im Kloster schien das alles nicht mehr so wichtig. Abt John Eudes gab ihm einen einfachen, sehr praktischen Rat: Er solle sich jeden Tag eine feste Zeit zum Beten und Meditieren reservieren und sich um keinen Preis davon abbringen lassen.

«Wenn Sie sich treu daran halten, werden Sie allmählich eine tiefere Erfahrung Ihrer selbst machen. Denn in dieser nutzlosen Stunde, in der Sie nichts ‹Wichtiges› oder ‹Dringendes› tun, müssen Sie sich mit Ihrer grundlegenden Ohnmacht auseinander setzen, und Sie müssen Ihre fundamentale Unfähigkeit erfahren, Ihre und anderer Leute Probleme zu lösen oder die Welt zu verändern. Wenn Sie dieser Erfahrung nicht ausweichen, sondern sie durchleben, werden Sie nach und nach einsehen, dass Ihre vielen Vorhaben, Pläne und Verpflichtungen gar nicht so dringend, entscheidend und wichtig sind, wie Sie gemeint hatten, und sie werden ihre Macht über Sie verlieren.»[54]

Henri verstand. «Ich glaube», schrieb er in sein Klostertagebuch, «meine Erschöpfung ist im Grunde nicht so sehr eine Folge der Art von Arbeit, die ich verrichte, als vielmehr der unguten Spannungen, die ich mit der Arbeit verbinde.»[55] Gelänge es ihm nur, aus seinen Zwängen herauszufinden, ganz einfach still und vertrauensvoll den Tag zu leben: «Dann würde ich mir keine Sorgen mehr um meinen Namen, meine Karriere, meinen Erfolg, meine Popularität machen, sondern ich wäre offen für die Stimme Gottes und für die Stimme seines Volkes.»[56]

Er lernte viel in diesen Gesprächen mit John Eudes. Er vertraute ihm seine Neigung an, auf Menschen und Ereignisse gereizt zu reagieren, sich von jeder kleinen Enttäuschung aus dem Gleichgewicht bringen zu lassen

© Br. Anthony Weber, Genesee Abbey

Allein mit Gott: Im Chorgestühl der Klosterkirche

– und sich am Ende maßlos über sich selbst und die eigene Schwäche zu ärgern. Der Abt bestärkte ihn darin, Gefühle von Groll und Ärger nicht zu unterdrücken, sondern sie sorgfältig zu betrachten – und dann unter das Kreuz zu legen. Und zu überlegen, «wieweit dein Groll aus einer Aufblähung deines ‹Ich› stammt»[57]. Wenn Gott wieder zur Mitte des Lebens werde, könne es gelingen, Abstand zu gewinnen, die eigenen Ideen und Gefühle nicht überzubewerten und den Groll verebben zu lassen. In der Erkenntnis, dass nicht die anderen schuld daran seien, «sondern ganz einfach *ich*. Ich selbst bin die Quelle für meinen Ärger, und keiner sonst.»[58]

Wieder zurück aus dem Trappistenkloster, brachte er seine gesammelten Aufzeichnungen – natürlich – als Buch heraus; der deutsche Titel lautet *Ich hörte auf die Stille*. Es wurde ein Bestseller. Viele Menschen ließen sich davon inspirieren, wie der Klosteralltag die Prioritäten im Leben verändert. Nur Nouwen selbst war wieder einmal enttäuscht:

«Vielleicht hatte die größte und verborgenste meiner Illusionen darin bestanden, dass ich nach sieben Monaten Trappistenleben ein anderer Mensch sein würde, ganzheitlicher, [...] mitfühlender, gütiger, froher und verständnisvoller. [...] Es hat nicht geklappt, meine Probleme sind dadurch nicht gelöst worden. Und ich weiß, dass es auch in einem Jahr, zwei Jahren oder selbst einem ganzen Leben als Trappistenmönch nicht ‹geklappt› hätte. Denn Klöster baut man nicht, um darin Probleme zu lösen, sondern um Gott aus all seinen Problemen heraus zu loben.»[59]

Was zweifellos schon eine kostbare Erkenntnis war. Das zumindest hatte der Mönch auf Zeit gelernt: Die andere Welt ist schon in unserem scheinbar so unbedeutenden, banalen Alltag gegenwärtig, und unsere Aufgabe ist es nicht, zu träumen, sondern ihre Spuren um uns herum zu entdecken. Wenn Gott wirklich die Mitte unseres Lebens wird, ist es nicht mehr so wichtig, wie andere auf uns reagieren, ob wir Erfolg haben, ob unser Ich jedes Mal auf seine Kosten kommt. Ich kann viel offener auf andere Menschen zugehen, wenn ich nicht länger von ihrer Zuneigung und Anerkennung abhängig bin.

Die Freiheit der Mönche

Oh, er hatte eine Menge gelernt in der Abtei Genesee. Er versuchte immer aufrichtiger zu sein in seinen Büchern. Er stellte sich selbst aufwühlende Fragen, statt der gottfernen Welt Predigten zu halten. Er wollte Abstand gewinnen und aus den Zwängen ausbrechen, die ihn bisher in ihren Klauen gehalten hatten. Und die uralten Methoden nutzen, womit die Mönche Freiheit von diesen Zwängen gewinnen: Einsamkeit. Schweigen. Beten.

Henri wirkte immer ein wenig wie ein kleiner Junge, der nicht stillsitzen kann, und wenn er ein paar Tage keine Freunde um sich hatte, fühlte er sich gleich verlassen. Doch nun begann er zu begreifen, dass Alleinsein bisweilen notwendig ist und welche Chance die Einsamkeit bergen kann. Die Chance, innere Freiheit zu gewinnen und einen stillen Lebensmittelpunkt. Die Chance, Illusionen zu verlieren und eine Unabhängigkeit von schnellen Erfolgen und momentanen Enttäuschungen zu gewinnen, die nicht zum Zynismus führt, sondern zur Milde.

«Wer es fertig bringt», schreibt Nouwen, «sich mitten in seinen Unternehmungen und Sorgen einen einsamen Ort einzurichten, der wird sich allmählich aus der Tyrannei lösen, die seine Erfolge und seine Fehlschläge über ihn ausüben. Seine Anhänglichkeit an diese Welt schwindet, und an ihre Stelle tritt die Fähigkeit, voll Mitleid die Illusionen zu durchschauen, die sie anbietet. Dann kann er sich ernsthaft einsetzen und doch zugleich entwaffnend lächeln.»[60]

In der Einsamkeit kann der Mensch die zwanghafte Bestätigungssucht verlieren, die mit ständiger Versagensangst und lähmendem Groll gekoppelt ist. «Wer bin ich? Ich bin der, den man mag, den man lobt und bewundert, oder den man nicht mag, den man hasst oder verachtet. […] Wenn mein Selbstbewusstsein davon abhängt, was andere über mich sagen, dann ist es kein Wunder, wenn ein kritisches Wort mich schnell verletzt.»[61] Doch die befreiende Erfahrung der Einsamkeit sei die, dass mir nicht andere die Maßstäbe setzen, sondern Gott allein.

In der Einsamkeit könne der Mensch entdecken, «dass wir nicht das sind, was wir erkämpfen, sondern das, was uns geschenkt wird»[62]. Und das

Herz könne nach und nach seine vielen Täuschungsmanöver bleiben lassen, mit denen es sich abschirmt; «es kann so weit und tief werden, dass ihm nichts Menschliches mehr fremd ist»[63].

Er lernte, dass meine Einsamkeit den anderen Menschen, die mich beanspruchen und mit mir zusammen sein wollen, nichts wegnimmt – im Gegenteil. Alleinsein bedeute ja nicht einfach eine Pause im Gemeinschaftsleben, um den müde gewordenen Geist zu erfrischen. So merkwürdig es klingt: «Alleinsein ist der Grund, aus dem Gemeinschaft erwächst.»[64] Das gemeinsame Sprechen, Essen, Beten werde schnell von Stimmungen und Sympathien abhängig und deshalb auch bald fordernd und ermüdend.

In der Einsamkeit hingegen könne sich die Intimität miteinander vertiefen und eine Bindung offenbaren, die nicht von Worten oder Handlungen abhänge. «Im Alleinsein werden wir gewahr, dass wir schon beieinander waren, ehe wir zueinander kamen, und dass Gemeinschaftsleben nicht unserem Willen entspringt, sondern gehorsame Antwort auf die Wirklichkeit unseres Einsseins ist.»[65] Anders ausgedrückt, im Alleinsein lässt sich erfahren, dass Gemeinschaft nicht aus dem oberflächlichen Hingezogensein zu irgendjemand erwächst (und folgerichtig alle ausschließt, die mir nicht sympathisch oder nützlich sind), sondern aus der Liebe, mit der wir alle zuerst geliebt worden sind und die jede Gemeinschaft trägt.

Unerlässlich sei die Einsamkeit natürlich, um mit Gott in unmittelbaren Kontakt zu kommen, um ihm zuzuhören und zwischen unseren Wünschen und unserer Aufgabe unterscheiden zu können. Nouwen findet es betrüblich, dass auch geistliche Gemeinschaften auf das Alleinsein als Bestandteil des täglichen Lebens verzichten und damit auf die Chance, sich die gemeinsame Berufung bewusst zu machen, die mehr sei als die Summe der individuellen Neigungen und Begabungen.

Nouwen lernte die Mechanismen zu durchschauen, die für die grässliche Angst vor dem Alleinsein verantwortlich sind: Schafft es jemand, die äußeren Zerstreuungen abzuschalten und sich ohne einen Gesprächspartner, ohne Fernsehgerät oder Schmöker seinem Innern auszusetzen, kochen unversehens sämtliche verdrängten Konflikte hoch, macht sich ein Chaos in der Seele breit. Aus den verborgenen Gründen des Herzens brechen tausend Gedanken und Gefühle hervor.

Umso wichtiger sei es, das Alleinsein zu trainieren, um diese inneren Störenfriede zu verbannen – oder besser gesagt, ruhig abzuwarten, bis sie sich von selbst verlaufen. Nouwen zitiert einen Kirchenvater, der die Anfänge des Gebets in der Einsamkeit damit vergleicht, «wie wenn jemand jahrelang bei offenen Türen gelebt hat und eines Tages alle seine Türen schließt. Die Besucher, die seither nach Lust und Laune bei ihm ein und aus gegangen waren, pochen nun an diese Türen und fragen sich verwirrt, weshalb sie plötzlich nicht mehr eingelassen werden. Erst nach und nach dämmert ihnen, dass sie unerwünschte Gäste sind, und dann kommen sie mit der Zeit immer seltener.»[66]

Alleinsein müsse eingeübt werden, indem man sich konkret eine Zeit und einen Ort schaffe, um bei Gott und allein mit ihm zu sein. Einen Ort, wo Christus uns von den Zwängen der Welt befreie und in sein eigenes Bild umforme. «Wir müssen uns tatsächlich unsere eigene Wüste schaffen, in die wir uns jeden Tag zurückziehen, unsere Zwänge abschütteln und in der wohltuenden heiligen Gegenwart des Herrn verweilen können. Ohne solche Wüste verlieren wir unsere eigene Seele, während wir anderen das Evangelium verkünden.»[67]

Schweigen, um den Worten ihre Würde zu retten

Die Einsamkeit kann ein kostbares Geschenk sein wie das Schweigen; beides muss der moderne Mensch erst mühsam entdecken. Nouwen beobachtete, wie manche Studenten nur lernen konnten, wenn sie sich ständig von Musik berieseln ließen, und wie nervös sie wurden, wenn sie sich in einem Raum aufhalten mussten, wo Stille herrschte. Er vermutete, dass sich der Mensch an die äußere Geräuschkulisse gewöhnt habe und vor den Emotionen und Problemen in seinem Innern fürchte.

Im spirituellen Leben bedeute das Schweigen die in das Tun hineingetragene Einsamkeit. «Es ist wie eine Zelle, die wir aus unserer Einsamkeit forttragen und mitten in unsere Tätigkeit hineinstellen können.»[68] Aber nicht in erster Linie, um sich auszuruhen oder ein neues Gespür für das Säuseln des Windes und das Rascheln der Blätter zu bekommen, sondern um den Worten ihre Würde zu retten. Der inflationäre Gebrauch der Sprache, das allgegenwärtige Geschwätz, die Werbung an allen Straßenecken, sie hätten das Vertrauen in die Worte erschüttert und ihnen ihre schöpferische und gemeinschaftsbildende Kraft geraubt.

Im Trappistenkloster hat Henri Nouwen eine erschütternde Erfahrung gemacht: Er ist Worten begegnet, die aus Gottes ewigem Schweigen hervorgegangen sind und deshalb eine ungeheure Kraft und Frische in sich tragen. Er hat gelernt: «Worte können nur dann Gemeinschaft und somit neues Leben schaffen, wenn sie das Schweigen verkörpern, aus dem sie hervorgehen.»[69] Solche Worte können ein leeres oder hilflos-ängstliches Schweigen in ein erfülltes, friedvolles, Kraft schenkendes Schweigen verwandeln und Mut machen, auf die leise Stimme Gottes zu lauschen.

Nach dieser Erfahrung in Genesee definiert Nouwen die Beziehung zwischen Seelsorger und Ratsuchendem als einen Weg, «auf dem beide in das liebende Schweigen Gottes eingehen und dort auf das heilende Wort warten»[70] Auch der Gottesdienst habe den Sinn, Menschen aus der zerstreuenden Redseligkeit der Welt in jenes Schweigen zu rufen, in dem sie sich selbst, einander und Gott finden könnten. Wichtiger als das Schweigen des Mundes sei dabei immer das Schweigen des Herzens, das leeres oder kränkendes Reden verhindere, aber das schöpferische und heilende Wort ermögliche.

Gern zitierte Nouwen die Weisheit der Wüstenväter und die Geschichte vom Mönch Poimen, der seine Besucher lehrte: «Da ist ein Mensch, der scheint zu schweigen, aber sein Herz verurteilt andere. Ein solcher redet in Wirklichkeit ununterbrochen. Und da ist ein anderer, der redet von der Frühe bis zum Abend, und doch bewahrt er das Schweigen, das heißt, er redet nichts Nutzloses.»[71]

Ein wenig sentimental erinnerte er sich an einen Hörer, der in sein Arbeitszimmer an der Uni kam und erklärte, er brauche keinen Rat und wolle auch nichts fragen, sondern einfach eine Zeit lang mit ihm feiern. Sie setzten sich auf den Boden, sprachen über ihre gemeinsamen Freunde, ihre Arbeit, ihre Sehnsüchte. Dann wurden sie immer stiller und schwiegen. «Das Schweigen, das sich auf uns senkte, war warm, gütig und lebendig. Hin und wieder schauten wir einander an und es stieg in uns ein Lächeln auf [...]. Und als tiefer Friede den Raum zwischen uns erfüllte, sagte er stockend: ‹Wenn ich Sie so anschaue, ist es, als wäre ich in der Gegenwart Christi.›»[72]

Auch das Beten dürfe man nicht als eine selbstbezogene Form von Askese verstehen, als eine ichsüchtige Methode, zur Ruhe zu kommen, oder gar als Möglichkeit, neue intellektuelle Erkenntnisse über Gott zu gewinnen. Das würde Gott zu einem Gegenstand degradieren. Beten, das

Die Clowns, die sich lachend von den Zwängen der Welt befreien, hat Henri immer geliebt

© Ron van den Bosch

weiß Nouwen spätestens seit seinem Aufenthalt in Genesee Abbey, heißt Verweilen vor dem Antlitz des in unserem Innern gegenwärtigen Herrn. Beten verwandelt unser Herz in Gottes Herz, groß genug, alles Leid der Welt zu tragen, und führt alle, die zu uns gehören, in Gottes Gegenwart.

Auch Beten muss geübt werden, treu und regelmäßig: «Wenn wir zum Beispiel zwanzig Minuten am frühen Morgen sitzend in Gottes Gegenwart verbracht haben mit den Worten ‹Der Herr ist mein Hirt›, so bauen sie sich vielleicht langsam ein kleines Nest für sich selbst in unserem Herzen und bleiben den ganzen übrigen Tag darin.»[73] Und machen Gottes barmherziges Antlitz sichtbar, wohin wir auch gehen und wem immer wir begegnen.

Für Nouwen ist sehr wichtig, dass der von Einsamkeit, Schweigen und Gebet markierte Weg in Gottes Nähe immer auch zur intensiven Solidarität mit den Menschen führt. Wenn sich unser Herz in Gottes Herz verwandeln lässt, öffnet es sich allen und trägt weiter, was wir selbst empfangen: Ruhe, Mut, Vertrauen.

Seine neu gewonnene Freiheit hat er damals gern in dem Bild von «Gottes Clowns» illustriert, die man überall finden kann. Menschen, die keine großen Helden in der Welt sind, sondern zeigen, dass am Ende vielleicht gar nicht das Sensationelle und Spektakuläre zählt, sondern «das, was in den Zwischenakten geschieht». Menschen, die ein «nutzloses», ruhiges Leben in Gebet und Kontemplation führen und so Trost, Kraft, Hoffnung und ein Lächeln schenken.[74]

Bei einem langen Aufenthalt in Rom hat er solche «Clowns» getroffen: Junge Männer und Frauen, die nachts Betrunkene auf den Straßen auflasen und ihnen ein Dach über dem Kopf gaben. Studenten, die ihre Zeit damit verschwendeten, sich um Hauptschüler zu kümmern, die ihren Schulabschluss nicht geschafft hatten. Einen Mönch, der zusammen mit drei jungen Amerikanern in einer Vorstadt eine kontemplative Gemeinschaft gründete. Menschen, aus deren Gesichtern die Liebe Gottes leuchtete.

Es waren Menschen, die den oft belächelten Zölibat als Freiraum und Hoffnungssignal lebten, als Hinweis auf die Priorität Gottes in unserem Dasein und als Zeichen, dass unser Leben Gott gehört und ohne inneres Heiligtum die Verbindung mit seiner Quelle verliert: «Auf diese Weise kann Intimität reich und fruchtbar sein, weil sie einen sorgfältig geschützten Raum hat, in dem sie wachsen kann.»[75] Ehelos Lebende ließen ihn an den Clown im Zirkus denken, «der nach den aufregenden Darbietungen der Trapezkünstler und Löwenbändiger stolpert und fällt und uns auf diese Weise erinnert, dass alle menschliche Aktivität letztlich nicht so wichtig ist, wie uns die Virtuosen glauben machen wollen»[76].

Ehelosigkeit, freiwillige Armut, kontemplatives Gebet: für Nouwen «eine Art lebenslanges Straßentheater, das ständig versucht, die Menschen zu Fragen über den tieferen Sinn ihres eigenen Lebens anzustoßen»[77]. In einer von den Sünden des Kapitalismus verwüsteten Welt könne man sich kaum als Zeuge von Gottes Gegenwart betrachten, «wenn man selbst materiellen Besitz anhäuft, sich den Bauch vollschlägt und nur daran denkt, das, was man hat, möglichst gut anzulegen»[78]. Und das kontemplative Gebet – keine nützliche Aktion, sondern Zeitverschwendung für Gott – «reißt ein Loch in unsere Geschäftigkeit und erinnert uns und andere, dass nicht wir, sondern Gott die Welt erschuf und erhält».[79]

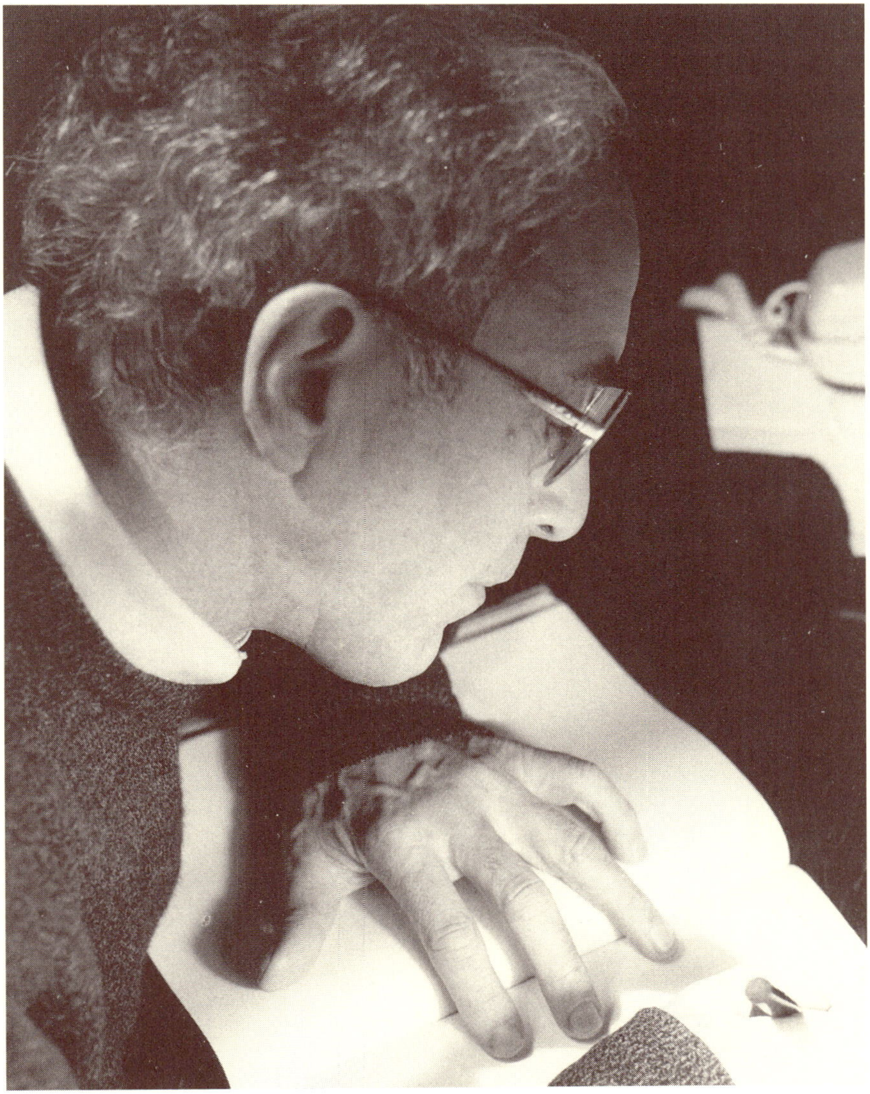

4

STERBEN

An der Pforte des Todes

4 STERBEN

«In meinem tiefsten Inneren erkannte ich,
dass Sterben der wichtigste Akt des Lebens ist.»[80]

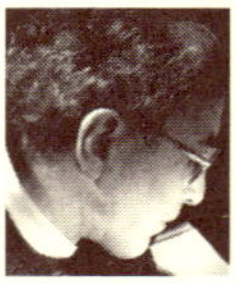

Die zentralen Themen dieser Jahre in Yale waren der Ruf Gottes und der Sinn menschlicher Existenz, die Kraft, die aus der Stille und dem Gebet entspringt, und die Beziehung zu Christus, zum menschlichen, berührbaren Gesicht Gottes. Die Frage «Wo will Gott mich haben?», die sich jeder Mensch stellen müsste, nicht nur der Priester oder die Ordensfrau. Die Suche nach dem Ort, wo ich ich selbst sein kann, wo ich in aller Gebrochenheit heil und ganz zu werden vermag.

Der Mut, mich in die Wüste des eigenen Herzens hineinzubegeben und dort umformen zu lassen. Das Wissen, dass mein falsch gepoltes Ich sterben muss, um echtes Leben zu ermöglichen, dass ich nackt und arm und leer werden muss, damit Gott mit seiner Liebe in mich einziehen kann.

In einem in Genesee entstandenen Gebet erkennt der geschulte Psychologe Nouwen sehr scharfsichtig, dass die dauernde Beschäftigung mit Schwächen und fehlerhaften Handlungen auch ein Trick des Unbewussten sein kann, der Konfrontation mit meiner «wirklichen Sünde» auszuweichen – und damit auch der Begegnung mit Gottes Barmherzigkeit. «Komm, Herr. Durchbrich meine Zwänge, Ängste, Befürchtungen und Schuldgefühle. Lass mich meine Sünde und deine Barmherzigkeit sehen. Amen.»[81]

War Henri Nouwen, den andere als fröhlichen, liebevollen Seelsorger erlebten, in seinem Inneren tiefen Depressionen ausgesetzt? Wenige Jahre vor seinem Tod stürzte Henri in eine bedrohliche Krise, die ihn sechs Monate völlig lähmte. Aber enge Vertraute wie sein Bruder Laurent oder sein Freund Franz Johna sehen in ihm keine depressive Persönlichkeit. Johna gibt zu bedenken, dass Henri ständig mit den Problemen anderer Menschen beladen gewesen sei. Laurent pflichtet ihm bei, sein Bruder habe «immer unter Dampf» gestanden, ein solches Leben müsse irgendwann einmal ins andere Extrem umkippen. Er sei immer unzufrieden mit sich gewesen: «Wenn einer nach einem Vortrag sagte: ‹Ich habe nichts verstanden›, war er gleich völlig verzweifelt.»

Ein weiterer Freund, Robert A. Jonas, weist darauf hin, Nouwen habe auch als Erwachsener noch stark unter unerfüllten Bedürfnissen und der emotionalen Distanz des Vaters, ja sogar unter einem teilweisen Unverständnis der Mutter gelitten, sich aber nie die befreienden Gefühle von Zorn und Trauer erlaubt. Und so habe er auch nicht zu einer inneren Aussöhnung, zum «Mit-Leid» mit seinen Eltern und mit sich selbst finden können, sondern Emotionen, die seine Eltern nach seinem Eindruck nicht akzeptiert hätten, ein Leben lang unterdrückt.[82]

Vielleicht aber greifen alle Deutungen und psychologischen Erklärungen zu kurz und nennen etwas «Depression», was in der mystischen Tradition des Katholizismus (und auch schon des Judentums) zu den reifsten Erfahrungen eines spirituellen Lebens gehört: die «dunkle Nacht des Glaubens», von der etwa der spanische Karmelit Juan de la Cruz († 1591) spricht: Den Gekreuzigten kann nur finden, wer sich erniedrigt und von Gott verlassen fühlt. Die Krisenerfahrung dieser *noche oscura* zerschlägt alle Sicherheiten und Selbsttäuschungen und macht den Menschen so leer, dass ihn der nicht fassbare, nicht berechenbare Gott mit seiner Liebe füllen kann.

Ähnlich fasst vier Jahrhunderte später der jüdische Religionsphilosoph Martin Buber die Einsichten der Mystiker seines Volkes – und die Erfahrungen der Verfolgung – zusammen: In der «Gottesfinsternis» ist das Licht nicht erloschen, nur verborgen. In solchen Phasen ist Gott nur in verhüllter Gestalt anwesend. Wer das zu akzeptieren vermag, tapfer, vertrauend, für den beginnt die Finsternis zu leuchten, und Gottes Schweigen wandelt sich zur Anrede. Zu einer Begegnung, die den Menschen verändert.

In seinem Tagebuch aus den ersten Monaten in der «Arche» wird Nouwen diesen Sturz in den Abgrund schildern, «bei dem man zerrissen und von innen nach außen gestülpt wird», und diese quälende Einsamkeit, «die von mir verlangt, mich völlig in die Arme Gottes zu werfen, dessen Gegenwart nicht mehr spürbar ist, und mein ganzes Sein auf etwas hin zu wagen, was dem Nichts gleichzukommen scheint».[83]

Gott liebt auf Vorschuss

Doch wie soll man sich aus der Verzweiflung retten, wenn sich die Erfahrung eines schweigenden Gottes mit der Erkenntnis verbindet, wie brüchig alle menschlichen Beziehungen sind? «Steckt nicht in jeder noch so intimen Begegnung ein Splitter Missverständnis, in jedem Versuch, eins zu werden, die schmerzliche Erfahrung, dennoch getrennt zu bleiben, in jedem Akt der Hingabe ein ängstlicher Vorbehalt? Gibt es eine fatale Beimischung Hass im Kern von allem, was wir Liebe nennen?»[84]

Im Gebet versunken

Foto: Stephen Larson

Der feinnervige, bisweilen neurotisch überempfindliche Henri Nouwen stürzte unweigerlich immer wieder in diese Fallgruben tiefster Verzweiflung – aber wenn er sich wieder herausgearbeitet hatte, dann hatte er auch immer etwas gelernt. Zum Beispiel den Unterschied zwischen Zugreifen und Loslassen, der den fundamentalen Gegensatz von Macht und Liebe markiere.

Wer Menschen betrachtet wie ein Objekt, wer sie herumdirigiert, mit Etiketten versieht oder nach ihren verwundbaren Stellen forscht, um sie zu beherrschen, der praktiziert laut Nouwen die Haltung des «Zugreifens», der übt Macht aus und erzeugt Angst. Selbst wenn er sich das Mäntelchen psychologischen Verstehenwollens oder liebevoller Zuwendung umhängt. Liebe ist das Gegenteil davon: Sie taktiert und manipuliert nicht, sondern offenbart das eigene Ich ohne Angst, belächelt oder abgelehnt zu werden. Liebe teilt Schwächen und Schmerzen, sie vereinnahmt nicht, verschlingt und zerstört nicht. Liebende Hände greifen nicht gewaltsam zu, sie streicheln.

Ein Leben lang sehnte sich Henri Nouwen nach der souveränen Sicherheit, so geliebt zu werden. Ein Leben lang zweifelte er, beobachtete er ängstlich seine Freunde und solche, die er gern zu Freunden gehabt hätte, registrierte er fast panisch vermeintliche Zurückweisungen und Unfreundlichkeiten. Und ausgerechnet dieser skrupulöse Zweifler gab seinem Leserpublikum als kostbarste Botschaft die Gewissheit weiter, die er unter Schmerzen gelernt hatte und bis an sein Lebensende nie so wirklich hundertprozentig glauben konnte: Gott liebt unverbrüchlich, bedingungslos, ohne Vorleistungen. Gott ist das – in Jesus Christus fleischgewordene – Gegenprogramm zu den zerstörerischen Mechanismen von Angst und Machtausübung.

Welche Überraschung, welche Provokation! Während wir hartnäckig glauben, dass man sich Liebe verdienen muss, als eine Art Geschäft auf Gegenseitigkeit, liebt Gott auf Vorschuss, ohne Berechnung, weil er Freude daran hat, basta. Nicht wir entscheiden uns für Gott, er hat sich längst für uns entschieden, er liebt uns, bevor wir überhaupt wissen, was Liebe ist.

Das Ergebnis dieses Lernprozesses verarbeitete Nouwen in dem Buch, das manche für sein wichtigstes halten: *Du bist der geliebte Mensch,* 1992 unter dem Originaltitel *Live of the Beloved* in New York erschienen. Es ist die Frucht einer ungewöhnlichen Freundschaft: Ein Journalist der *New York Times* namens Fred Bratman wollte ein Interview mit ihm machen – besser gesagt, er *sollte* ihn interviewen, es interessierte ihn nicht besonders, und nach einer halben Stunde versandete das Gespräch.

Doch Nouwen hatte Lunte gerochen. Er ahnte hinter der gleichgültigen Maske einen kreativen, lebendigen Geist, der nur bisher keine Gelegenheit gehabt hatte, sich wirklich zu entfalten. «Sagen Sie mir, macht Ihnen Ihr Beruf Spaß?», fragte er seinen Besucher rundheraus, und der antwortete sehr offen, eigentlich nicht, irgendwie müsse er eben sein Geld verdienen, aber es sei frustrierend, in exakt 750 Wörtern etwas über einen Menschen und seine Gedankenwelt sagen zu sollen.

«Plötzlich wurde mir klar», notierte Nouwen, «dass Fred kurz davor war, seine Träume sterben zu lassen.» Und dass er ihn mochte: seine Ehrlichkeit, seine Spontaneität, sein «wunderbares Herz». «Was wollen Sie wirklich?», fragte er ihn. Einen Roman schreiben, erwiderte Fred wie aus der Pistole geschossen. Doch die Zeit und das Geld dazu habe er nicht, er sei eben nur ein kleiner Zeitungsschreiber. Nouwen widersprach: Wieso nicht den Job hinwerfen und den Roman schreiben? Warum sich von der Welt in ein enges Schema pressen lassen und als Opfer enden? Warum nicht die Freiheit ausprobieren? Fred war jung und hatte keine Kinder.[85]

Tatsächlich zog Fred einige Monate später in die Yale Divinity School ein, wo Nouwen ihm – einem Juden – einen Freiplatz besorgt hatte. Der Roman kam nie zustande, aber die beiden wurden gute Freunde. Erstaunt entdeckte Fred unter Henris Anleitung, dass es in der Bibel durchaus Platz für müde Skeptiker gab, wie er einer war: «Windhauch, alles ist Windhauch», las er im Buch Kohelet. Und Henri musste sich die bohrende Frage gefallen lassen, warum er immer nur für die überzeugten Mitchristen schrieb und nicht für jene, die nicht mehr in die Kirchen und Synagogen kämen – und sich genau wie er die Frage nach dem Sinn des Lebens stellten?

Fred und die vielen, die mit ihm in einer Welt lebten, wo nur immer zu hören war «Du taugst zu nichts, du bist wertlos, du bist niemand – oder beweise gefälligst das Gegenteil», ermunterte Nouwen, sich nicht mehr selbst zu verachten (oder auf ein Podest zu stellen, was nur die Kehrseite des Minderwertigkeitsgefühls wäre). Oh, wie genau kennt er die Frage, die sie alle nicht zur Ruhe kommen lässt: Würden mich die Menschen, die mir ihre Aufmerksamkeit und Nähe schenken, würden sie mich auch noch lieben, wenn sie mich so sehen und kennen würden, wie ich in meinem Innersten bin?

«Aber schau», antwortet er ihnen leise, «du und ich, wir brauchen uns nicht zu Tode hetzen. Wir sind Geliebte. Wir sind zutiefst Geliebte, schon lange ehe unsere Eltern, Lehrer, Ehepartner, Kinder und Freunde uns geliebt haben. Das ist die grundlegende Wahrheit unseres Lebens.»[86] Vielleicht ist das die größte theologische Leistung des praktischen Theologen und Seelsorgers Henri Nouwen, der weder auf Bibelauslegung noch auf Dogmatik spezialisiert war: Dass er die feierliche Bestätigung Jesu nach seiner Taufe, als eine «Stimme aus dem Himmel» sprach «Du bist mein geliebter Sohn» (Markus 1,9) auf alle übertrug, die nach ihm Christen heißen, ja auf alle Menschen.

Diese grundstürzende Wahrheit dürfe nicht als erhabene Idee über dem Leben schweben, sondern müsse mitten in den Banalitäten des Alltags Wirklichkeit werden. Dann gebe es keinen Grund mehr, zu zweifeln und Angst zu haben. Dann sei das Leben eines jeden Menschen etwas Besonderes. Dann könne er frei in der Welt leben, auch wenn sein Tun belächelt oder als nutzlos angesehen werde; dann könne er die Welt lieben, weil er selbst weit über ihre Grenzen hinaus geliebt werde. Nouwen verkündete diese befreiende Gewissheit immer wieder, statt diffizile theologische Diskussionen zu führen. Er erzählte lieber, was das für ihn bedeutete: Gott nennt mich «Geliebter».

Die Ängste heimbringen

Und er schilderte, wie sich das konkret erfahren lasse: In Christus ist die unbedingte Liebe Gottes Mensch geworden, lässt sie sich anschauen und berühren. Auch dieses Buch *Brieven aan Marc*, «Briefe an Marc» (deutsch: *Jesus, Sinn meines Lebens*), hat einen Adressaten: seinen Neffen Marc van Kampen, dem er zu erzählen versucht, was es heißt, Christ zu sein und ein Leben auf den Spuren Jesu zu führen. Nouwen: Diese persönliche Beziehung zu Jesus sei «das Herz meines Daseins»[87], der Mittelpunkt seines Glaubens.

Jesus, der uns befreit, indem er das Leid mit uns teilt. Jesus, der so vollständig mit uns armseligen, gebrochenen Menschen eins geworden ist, dass ihm keine Schwäche, keine Versuchung, kein Schmerz fremd geblieben ist. Ein mitleidender Gott, der sich selbst ganz und gar verschenkt, «er behält nichts für sich und will so total bei uns sein, dass wir uns nie mehr allein fühlen können.»[88]

Nouwen bringt Marc die gewaltige Kraft dieser Beziehung zu Christus nahe, indem er die damals aktuellen Ereignisse auf den Philippinen schildert, wo Corazón Aquino 1986 auf dem Weg des gewaltlosen Widerstands den durch Wahlbetrug an der Macht gebliebenen Diktator Ferdinand Marcos besiegte. Die von Marcos ausgesandten Soldaten hätten sich geweigert, Aquinos betend auf der Straße sitzende Anhänger zu überfahren. Ein von Liebe getragener Widerstand habe einen blutigen Bürgerkrieg verhindert.

«Wenn ich mich umsehe», schrieb er seinem Neffen, «habe ich oft das Gefühl, überall Menschen zu sehen, die nichts anderes wollen, als geliebt zu werden – die jedoch keine andere Möglichkeit gefunden haben, diesem Verlangen Ausdruck zu verleihen, als sich selbst oder anderen Gewalt anzutun».[89] In Jesus, der die bedingungslose Liebe Gottes zu den Menschen offenbart, könnten sie die Rettung finden. Denn wer an diese Liebe glaube, habe es nicht mehr nötig, sich mit Gewalt zu holen, was Gott ohnehin im Überfluss schenken wolle.

Henri an Marc: «Jesus sieht das Böse in dieser Welt als Folge eines zu geringen Vertrauens auf Gottes Liebe. Er macht deutlich, dass wir andauernd um uns selber kreisen; dass wir mehr auf uns selbst vertrauen als auf Gott, und dass wir mehr zur Eigenliebe als zur Gottesliebe neigen. Dadurch bleiben wir in der Finsternis. Erst wenn wir ins Licht treten, können wir mit großer Freude und Dankbarkeit erkennen, dass alles, was gut, schön und wahr ist, von Gott kommt und uns in Liebe angeboten wird.»[90]

Natürlich sträubt sich alles in uns gegen diesen verrückt erscheinenden Weg. Doch immer, wenn wir ein paar Schritte auf ihm zurücklegen, dürfen wir erfahren, dass etwas Neues mit uns geschieht, kommen wir dem Herzen Gottes näher – Schritt für Schritt. Später, in der «Arche», wird Nouwen seine Leser ermuntern, den verdrängten Teil ihrer Persönlichkeit, der die Ängste und nicht angenommenen Emotionen beherberge, «heimzubringen» und Jesus anzuvertrauen:

«Dein erwachsenes Selbst muss wie ein Kind werden – aufgeschlossen, freundlich und besorgt –, damit dein angstvolles Selbst zurückkehren und sich sicher fühlen kann. Du klagst, dass es dir schwer fällt zu beten, die Liebe Jesu zu erfahren. Aber Jesus wohnt in deinem angstvollen, nie ganz angenommenen Selbst. Wenn du dich mit deinem wahren Selbst befreundest und entdeckst, dass es gut und anziehend ist, wirst du in ihm Jesus sehen. Wo du am menschlichsten, am meisten du selbst und zugleich am schwächsten bist, dort ist Jesus. Dein angstvolles Selbst heimbringen heißt Jesus selbst heimbringen.»

Und weiter: «Solange dein verwundbares Selbst sich nicht von dir willkommen geheißen fühlt, hält es so viel Abstand, dass es dir seine eigentliche Schönheit und Weisheit nicht zeigen kann. So überlebst du zwar, doch ohne wirklich zu leben. Versuch, dein kleines angstvolles Selbst nah an dich zu nehmen. […] Hab Geduld! Fühlst du dich einsam, bleib bei deiner Einsamkeit. Gib nicht der Versuchung nach, deinem angstvollen Selbst zu entfliehen. Lass dich die Weisheit lehren, die es besitzt. Lass dir von ihm sagen, dass du leben und nicht bloß überleben kannst. Mit fortschreitender Zeit wirst du eins werden und feststellen, dass Jesus in deinem Herzen lebt und alles für dich bereithält, was du brauchst.»[91]

Abschied: Henri Nouwen mit seiner Mutter in Yale, wenige Tage vor ihrem Tod, 1978

Der Todeskampf der Mutter

Das Bewusstsein, angenommen zu sein und geliebt zu werden, verändert alles. Auch das Verhältnis zum Tod. «Können wir unseren Tod als einen Freund erwarten, der uns daheim willkommen heißen möchte?»[92], fragte er einmal. Und in seinem Schlüsseltext *Du bist der geliebte Mensch* gab er die Antwort: «Habe ich Angst vor dem Sterben? Ja – so oft ich mich von den lauten Stimmen meiner Welt betören lasse, die mir einpauken, mein ‹kurzes Leben› sei alles, was ich habe, und deshalb müsse ich mich nach Kräften daran hängen. Aber wenn ich diese Stimmen in den Hintergrund meines Lebens dränge und auf die leise, sanfte Stimme achte, die mich Gottes Geliebten Sohn nennt, weiß ich, dass ich vor nichts Angst zu haben brauche und dass das Sterben die größte Tat der Liebe ist, die Tat, die mich in alle Ewigkeit in die Arme meines Gottes fallen lässt, dessen Liebe für immer fortdauert.»[93]

Als 1978 seine Mutter starb, mit der ihn ein so inniges Verhältnis verbunden hatte, hält Nouwen seine Erinnerungen fest, veröffentlicht in dem wunderbaren Buch *In Memoriam* (auf Deutsch der erste Teil von *Sterben, um zu leben*)[94]. Ein sehr persönliches Buch ohne fromme Phrasen, das Begegnungen festhält, Schmerz und ohnmächtige Trauer formuliert und nach einer Hoffnung tastet, die beide verbindet, den im Leben stehenden Sohn und die in eine andere Welt hinübergegangene Mutter. Als sie im Sterben lag und ihn mit einem schwachen Kopfnicken ermunterte, mit ihr Psalmen zu beten, wie sie es früher oft getan hatten, waren beide traurig, hatten beide Angst vor dem bevorstehenden Abschied – und doch war ein «Sturzbach an Kraft» da und «ein Spüren der Wahrheit, das uns beide umfing […]. Wir waren alle zusammen und umgeben von Stärke.»[95]

Doch ein paar Tage später wurde das stille Warten von einem schweren, endlosen Todeskampf abgelöst, mit dem niemand gerechnet hatte. Henri fühlte sich verzweifelt und hilflos – was konnte er tun, außer ihr den Schweiß von der Stirn zu wischen und vorsichtig die Arme zu halten, die sie in Angst und Qual ruhelos bewegte –, aber er erfuhr auch staunend die Nähe einer befreienden Wahrheit. Und empfand zunehmend Ehrfurcht vor diesem Geschehen, das sich am Ende eines Lebens zwischen Schöpfer und Geschöpf abspielte.

Nouwen: «Die Welt draußen – die Autos auf der Straße, die Stimmen auf den Gängen des Krankenhauses, die Studenten an der Universität, die Vorlesungen, die ich halten, und die Konferenzen, die ich besuchen sollte, die Artikel, die ich noch schreiben würde, und die Bücher, die noch auf meinem Schreibtisch lagen –, all das erschien mir mit einem Mal als Trug und durchdrungen von Schatten des Unwahrhaftigen. Die Wahrheit war hier, in diesem Augenblick, in diesem Zimmer: Mutter lag im Sterben, im tödlichen Kampf mit den gewaltigen Mächten von Leben und Tod. Sie sah uns – meinen Vater oder eines ihrer Kinder – nicht mehr, doch sie sah, was wir nicht sehen konnten.»[96]

Nouwen hörte sie unter Atemnot und Qualen leise zu Gott rufen. Und er wusste plötzlich, dass sie nicht ein paar beruhigende Worte brauchte, sondern Unterstützung in ihrem einsamen Kampf mit Gott und der Endlichkeit allen Lebens. Die Freunde der Familie sagten voller Mitleid, so ein grausames Sterben habe diese liebenswürdige, friedfertige Frau nicht verdient. Aber Henri begann sich zu fragen, «ob Mutters Kampf in Wirklichkeit nicht die unerbittliche Wahrheit der Liebe Gottes offenbarte. Wer besaß eine größere Liebe als Jesus? Wer litt mehr? [...] Sollte Mutter dazu berufen sein, an diesem Todeskampf Anteil zu haben?»[97] An einem Kampf, der die endgültige, ernste, unter Schmerzen und Grauen erworbene Entscheidung des Glaubens an einen liebenden, treuen Gott bedeutet.

Henris Vater, seine Geschwister und ihre Ehepartner spürten, während das Leben der Mutter langsam erlosch, «dass das Band zwischen uns, das sie geflochten hatte, fester und enger wurde. [...] Das Leben begann sich in neuer Weise zu offenbaren. Ich sagte nicht einfach ‹Lebewohl› zu ihr; ich ließ auch in mir selbst etwas los, das sterben musste. Dasselbe bemerkte ich auch bei meinem Vater, bei meinen Brüdern und bei meiner Schwester. Alte Grenzen, die einen bestimmten Abstand zwischen uns aufrechterhalten hatten, wurden beseitigt, so dass eine neue Art von Vertrauen entstehen konnte. [...] Die Gebete, die wir gemeinsam sprachen, wurden der Ort, wo wir ohne Furcht und Beklemmung zusammensein konnten. Sie wurden gleichsam ein sicheres Haus, in dem wir wohnen und einander etwas mitteilen konnten, ohne dabei nach unangemessenen eigenen Worten suchen zu müssen.»[98]

In den Wochen nach dem Tod seiner Mutter kämpften Kummer und Trauer, Freude und Dankbarkeit in Nouwen auf eine verwirrende Weise miteinander, und er entschloss sich dazu, diese Gefühle auszuhalten – gegen den gesellschaftlichen Zwang, den Schmerz zu verdrängen. «Mutter zu vergessen hieße, es ihr zu verbieten, mir den Geist zu senden, es ihr nicht zu erlauben, mich auf eine neue Ebene der Einsicht und des Verstehens hochzuheben. [...] Sich an sie erinnern bedeutet nicht, meinen Freunden immer und immer wieder von ihr zu erzählen, und heißt auch nicht, Bilder an der Wand oder auf ihrem Grabstein anzubringen; es bedeutet nicht einmal, dauernd an sie zu denken. Nein. Es bedeutet, sie zu einem Teil von Gottes fortwährendem Erlösungswerk werden zu lassen, indem ich es ihr erlaube, ein kleines bisschen der Dunkelheit in mir zu vertreiben und mich ein wenig näher zum Licht zu führen.»[99]

Was stärker ist als der Tod

Sechs Monate nach dem Tod der Mutter schrieb Henri an seinen Vater Laurent einen langen Trostbrief, später veröffentlicht als *A Letter of Consolation* (auf Deutsch der zweite Teil von *Sterben, um zu leben*). Es ist eine reizvolle Mischung aus behutsamer Pädagogik und Selbsttherapie: Henri versucht seinen Vater zu trösten, dem alten Mann (Laurent war 76 Jahre alt) zu helfen, sich mit seiner eigenen Sterblichkeit anzufreunden, seinen Schutzpanzer aus Strenge und Emotionslosigkeit abzulegen. Tatsächlich ging die Rolle des Briefpartners, dem Henri regelmäßig und rückhaltlos offen seine Gefühle und Pläne anvertrauen konnte, in den folgenden Monaten von der Mutter auf Vater Laurent über.

Beide wurden sich der eigenen Verletzlichkeit bewusst und lernten, darüber zu sprechen. Und auch Henri schaffte es, den Vater in seiner Eigen-

Zueinander finden: Henri Nouwen mit seinem Vater in dessen Landhaus «de Heikamp» in Geysteren, 1993

art gelassener zu akzeptieren und sich zu öffnen, ohne gleich immer mit Zurückweisungen zu rechnen. Später einmal sollte er dieses neue Verhältnis mit zärtlicher Ironie beschreiben: «zwei alte Männer, die nah ans Feuer gerückt sind und sich die Hände wärmen»[100].

Die Nouwens waren siebenundvierzig Jahre verheiratet gewesen. Einen solchen Trennungsschmerz werde die Zeit nicht heilen, sondern nur vertiefen, prophezeite Henri seinem Vater illusionslos, aber im Leid zeige sich vielleicht auch die in der Liebe verborgene Kraft. Und es werde leichter, sich mit der eigenen Vergänglichkeit anzufreunden, eine «befreiende Vertrautheit mit unserer ureigenen Gebrochenheit»[101] zu entwickeln. So ein Sterben könne der Ehepartner durchaus auch als Verrat empfinden: Wie konntest du mich allein lassen? Aber auch als Gelegenheit, stärker, unabhängiger, reifer, freier zu werden.

Was freilich fast zwingend den Glauben an die Auferstehung voraussetzt und an die verwandelnde Kraft des Todeskampfes Jesu: «Wer kostete das Leben voller als er? Wer sah die Schönheit des Landes, in dem er lebte, besser? Wer verstand mehr das Lachen der Kinder, das Klagen der Kranken, die Tränen der Trauernden? Jede Faser seines Wesens war voll Leben. [...] Wenn der Gott, der uns das Leben offenbarte und dessen einziges Verlangen ist, uns das Leben zu bringen; wenn uns dieser Gott so sehr liebte, dass er mit uns die völlige Absurdität des Todes erfahren wollte, dann – ja, dann muss es eine Hoffnung geben; dann muss es etwas geben, das über den Tod hinausreicht; dann muss es eine Verheißung geben, die während unserer kurzen Existenz in dieser Welt unerfüllt bleibt; dann kann es nicht bloß die Vernichtung und das grausame Ende aller Dinge sein, wenn wir die Geliebten zurücklassen, die Blumen und Bäume, die Berge und Meere, die Schönheiten der Kunst und der Musik und all die reichen Gaben des Lebens; dann müssen wir wirklich auf den ‹dritten Tag› warten.»[102]

«Am dritten Tag» hat Jesus nach dem Bericht der Evangelien die Fesseln des Todes gesprengt und ist auferstanden. In aller Regel spricht Nouwen sehr dezent und unaufdringlich von seinem Osterglauben. Denn einem Sterbenden forsch zu predigen, er brauche keine Angst zu haben, er werde auferstehen wie Jesus, seine Lieben wiedersehen und für immer in Gottes Gegenwart selig sein, das würde die Not des Sterbenden nicht ernst nehmen und auch nicht die Realität des Kreuzestodes Jesu. Die Auferstehung biete keinen schlagenden Beweis und keine Antwort auf die neugierigen Fragen, wie es denn nach dem Tod sein werde. Aber sie offenbare Gottes Wahrheit, «dass nichts und niemand, der ihm gehört, jemals weggeworfen wird [...], dass die Liebe tatsächlich stärker als der Tod ist».[103]

Es ist eine Sache des Vertrauens, der gläubigen Grundeinstellung: Sind wir erst einmal tief im Innern davon überzeugt, «dass wir aus der Liebe Gottes geboren sind und in die Liebe Gottes hinein sterben werden»[104], dann verlieren Angst und Bosheit, Krankheit und Tod letztlich ihre Macht über uns.

«Hab keine Angst, ich liebe dich»

An einem dunkel verhangenen Wintermorgen ging Henri Nouwen eine spiegelglatte Straße entlang, als ihn der Außenspiegel eines Lieferwagens im Rücken traf und in den Straßengraben schleuderte. Was erst als ein harmloses Missgeschick aussah, erwies sich bald als lebensbedrohlicher Unfall und bedeutete für Nouwen eine Grenzerfahrung.

In der Notaufnahme des Krankenhauses stellte sich heraus, dass Henri nicht nur fünf Rippen gebrochen, sondern auch eine innere Blutung erlitten hatte, die sich nicht stillen ließ. Als man ihm nach einigen Tagen eröffnete, dass seine Milz entfernt werden werden müsse, stürzte er in eine lähmende Angst: «Irgendwo tief in meinem Innern fühlte ich, dass mein Leben in ernster Gefahr schwebte. Und so bewegte ich mich auf einen Ort zu, an dem ich noch nie zuvor gewesen war: zur Pforte des Todes.»[105]

Seine Ahnung hatte ihn nicht getrogen, die Ärzte hatten das Ausmaß der Blutung nicht erkannt, und fast hätte er die Operation nicht überlebt, an deren Ende er beinahe zwei Drittel seines Blutes verloren hatte. Doch er war gut vorbereitet. Henri bemühte sich, seine Lebensgeschichte, seine Freunde, seine Pläne loszulassen und den Blick fest auf das Tor zu richten, das ihn erwartete. «Was ich dann erfuhr, hatte ich noch nie zuvor erfahren: Reine, bedingungslose Liebe. Besser gesagt – was ich erfuhr, war eine höchst persönliche Gegenwart; eine Gegenwart, die all meine Furcht beiseiteschob und mir sagte: ‹Komm, hab keine Angst. Ich liebe dich.›»[106]

Alle Zweideutigkeit und Gewissheit war verflogen, Jesus war kein Fremder mehr, Glaube hatte nichts mehr mit Angst und Scham zu tun. «Alles war gut. [...] Der Tod verlor seine Macht und wich zurück vor dem Leben und der Liebe, die mich auf so innige Weise umgaben, so als schritte ich wie durch ein Meer, dessen Wasser zur Seite gedrängt worden waren. Ich wurde beschützt, als ich an das andere Ufer ging.»[107]

Henri war klar geworden, dass ihn nur «ungelöster Ärger» ans Leben fesselte. «Liebe, reine Liebe, die ich gebe oder die mir geschenkt wird, macht mich frei, zu sterben. Der Tod kann diese Liebe nicht zerstören. Im Gegenteil, der Tod vermag sie nur zu vertiefen und zu stärken. Die Menschen, die ich von Herzen liebe, wie auch alle, die mir zugetan sind, mögen meinen Tod betrauern, doch werden ihre Bindungen an mich dadurch nur fester und tiefer. Sie werden sich meiner erinnern, mich zum Teil ihres eigenen Lebensgefüges werden lassen und so meinen Geist auf ihrer Reise mitnehmen.»[108]

Das Problem war nicht, geliebte Menschen verlassen zu müssen – sondern Menschen zurückzulassen, denen er nicht vergeben hatte und die ihm nicht vergeben hatten. Blitzartig wurde ihm klar, wie entscheidend sein Tod für sie alle sein würde, aber auch für ihn selbst: In dieser schweren Stunde könnte er eine größere geistige Freiheit zeigen und mehr Freude und Frieden schenken als in all den Jahren zuvor. Er begriff, dass Sterben der wichtigste Akt des Lebens ist. «Es stellt einen vor die Wahl, andere in Schuld zu fesseln oder sie in Dankbarkeit zu befreien. Diese Wahl entscheidet zwischen einem Tod, der Leben gibt, und einem Tod, der vernichtet.»[109]

Es klingt paradox, aber dass sich Henri so gelassen und heiter mit seinem Tod anfreunden konnte, hat ihn wahrscheinlich befähigt, den Blutverlust zu verkraften und wider Erwarten wieder gesund zu werden.

5

MIT-LEIDEN

Auf der Suche nach dem Reichtum der Armen

5 MIT-LEIDEN

«Ich wusste, dass ich meinen König gesehen hatte.»[110]

Natürlich hielt diese himmlische Freiheit nicht an. Nach wenigen Monaten beschwerte sich einer seiner Freunde: «Als du krank warst, ruhtest du ganz in dir selbst. Die vielen Menschen, die dich besuchten, spürten, wie wirklich Friede von dir ausging; aber seit du wieder gesund bist und dich deine vielen Tätigkeiten aufs Neue in Anspruch nehmen, ist von deiner alten Unruhe und Angst vieles wieder da.»[111]

Aber dass er lernbereit war und sich stärker als bisher auf die existenziellen Erfahrungen auf dem Grund der Seele konzentrierte, dass er so viel von Todeserfahrungen und von der inneren Freiheit sprach und von der alle Grenzen sprengenden Liebe, nahmen ihm manche auch wieder übel. Man warf ihm vor, seine Spiritualität lasse kritische Gesellschaftsanalyse und politisches Engagement sinnlos erscheinen. Tatsächlich gibt es solche Tendenzen bei Nouwen, und produktive Denker sind meistens einseitig.

Aber nie hat er den Blick für das Leid in der Welt und für den Kummer der Gedemütigten, an den Rand Gedrängten verloren. Er kannte die politischen Koordinaten jener Jahre sehr genau. Er wusste, dass die Menschheit «am Abgrund des Selbstmordes»[112] dahintaumelte, unter der Herrschaft von Machthunger und Profitgier, Hass und Folter. Er äußerte sich erschrocken über einen Mitbruder, der die *New York Times* abbestellt hatte, weil er meinte, all die Berichte über Kriege, Machtkämpfe und politisches Ränkespiel verwirrten ihm nur Geist und Herz und hielten ihn vom ruhigen Beten ab. Nouwen: «Echtes geistliches Leben wirkt genau umgekehrt: es gibt uns einen so wachen Blick für die Welt ringsum, dass alles, was da ist und sich ereignet, in unsere Kontemplation und Meditation einbezogen wird, und ruft uns auf, frei und furchtlos darauf einzugehen.»[113]

Ekstase und Politik

Gerade die «Ekstase», die keineswegs nur Mystikern vorbehaltene stürmische Freude an Gott und die Entscheidung für eine unbändige Liebe, habe doch eminent politische Auswirkungen. Denn der Wille, den eifersüchtig behüteten vertrauten Lebensraum zu verlassen und sich auf andere einzulassen, bedeute in der Politik den Verzicht auf eine Vergötzung der nationalen Sicherheit und die Bereitschaft, im Interesse des Überlebens der Menschheit nationale Opfer zu bringen. Solidarität statt Rivalität. Leben für alle statt Bomben zum eigenen Schutz.

Doch bei all dem ging es ihm um die Tiefe des Protests, um dessen Abhängigkeit vom Erfolg, um die Eitelkeit, die in manchem Engagement steckt. Betrübt beobachtete Nouwen, wie viele von denen, die sich als Bürgerrechtler und Friedensbewegte abgerackert hatten, im Lauf der Jahre müde und zynisch wurden. Die Kraft ging ihnen aus, sie kapselten sich in ihrer verletzten Seele ein, suchten Zuflucht in einer Traumwelt, flüchteten in Drogen und neue Religionen.

Der Einsatz für Unterdrückte müsse immer demütig bleiben, setzte Nouwen dagegen, und dürfe den konkreten Menschen nicht aus dem Blick verlieren. Die christlichen Gemeinschaften, auch die Orden und Seminarien, warnte er vor der Versuchung zur trägen Sesshaftigkeit: Sie seien berufen, unablässig aus dem *status quo* auszuziehen und neue Herausforderungen zu suchen. Und der Kirche schrieb er ins Stammbuch, die Armen, die Obdachlosen, die Aids-Kranken, die emotional Gestörten bildeten ihren Mittelpunkt. Sobald sie das vergesse, verfange sie sich in Machtspielen und Nebensächlichkeiten.

Damit hängt die zweite große Krise des Universitätslehrers Nouwen zusammen. Die beunruhigenden Nachrichten aus Mittel- und Südamerika ließen ihn nicht kalt, die Begegnung mit der Befreiungstheologie wühlte ihn auf. Er fühlte sich wieder einmal «nutzlos», sah sich als «stotternden, überflüssigen Stümper». Wie beschämend das war: In der Dritten Welt verhungerten zahllose Kinder, verzweifelte Menschen wurden verhaftet, gefoltert und massakriert, weil sie um Brot und Gerechtigkeit kämpften – und er saß auf einem gut bezahlten Lehrstuhl, genoss alle Annehmlichkeiten der Oberschicht und erzählte seinen Studenten und Lesern etwas von der Liebe Gottes!

«Jesus starb als Feind der herrschenden Klasse»

Wieder einmal hielt es ihn nicht mehr in Yale. 1981/82 ging er für ein halbes Jahr nach Lateinamerika. Er lernte in einer Ordensniederlassung im bolivianischen Cochabamba Spanisch und teilte dann mit einer Familie im Elendsviertel der peruanischen Hauptstadt Lima ein armseliges Haus. Schon in den ersten Tagen begegnete er einem Ordenspriester, der wegen seines Eintretens für die ausgebeuteten Hochlandbewohner Morddrohungen ausgesetzt war; im Eingang zu seiner Wohnung explodierte eine Ladung Dynamit. Er lernte den mutigen Erzbischof Manrique aus Bolivien kennen, der vom Militärdiktator Hugo Banzer hartnäckig Gerechtigkeit verlangte. Er schloss Freundschaft mit einem Juristen aus Paraguay, dessen siebzehnjährigen Sohn man zu Tode gefoltert hatte, um den politischen Widerstand des – als Leitartikler und Karikaturist begabten – Vaters zu ersticken.

Nouwen begriff immer klarer, dass die Stimme der Kirche in diesen Konflikten nicht neutral sein konnte. Jesus sei gestorben, «weil er angeblich der Feind der herrschenden Klasse war. [...] Können wir echte Christen sein, ohne in den Augen von Zwangsregimen als Umstürzler zu gelten?»[114] Müsse man nicht Gott an die hungernden Kinder auf den Straßen und an die obdachlosen Landbesetzer erinnern? «Wenn Gott wirklich existiert, wenn ihm wirklich etwas an uns liegt, wenn er wirklich sein Volk nie im Stich lässt, wer tritt dann vor ihn hin und erinnert ihn an seine Verheißungen?»[115]

Seine ganze Bewunderung galt der Energie, mit der Papst Johannes Paul II. den Widerstand der polnischen Gewerkschafter gegen die Betonköpfe in der Partei anführte. Die Sympathieerklärungen der Reagan-Regierung für die Polen registrierte er angeekelt, weil die USA gleichzeitig gemeinsame

Sache mit den lateinamerikanischen Diktatoren mache: «Offensichtlich spielt für Reagan die Frage: ‹Wann werden Menschen unterdrückt?› keine Rolle, wohl aber die Frage: ‹Wer ist der Unterdrücker?› Die Unterdrücker unter den ausbeuterischen Regimen in Lateinamerika heißen ‹unsere Freunde›, die Unterdrücker in Polen und Russland ‹unsere Feinde›.»[116]

Nouwen war davon überzeugt: Gott nahe zu sein, bedeute mit den Armen zu leben. Im bolivianischen Cala Cala nahm er an einem Gedenkgottesdienst für vier amerikanische Ordensfrauen teil, die in El Salvador vergewaltigt, gefoltert und ermordet worden waren. Den Gottesdienst hielt Jon Sobrino, einer der bekanntesten Befreiungstheologen. Mit gedämpfter Stimme rief er die Namen der Frauen und Männer auf, die man in den letzten zehn Jahren in Lateinamerika wegen ihres Glaubens und ihres Kampfes für die Menschenrechte massakriert hatte. Eine endlos lange Galerie von Märtyrern. «Und jedesmal, wenn er am Ende einer Jahresliste angekommen war, antworteten alle in der Kirche mit einem lauten *Presente* – ‹Hier!›»

Die Märtyrer lebten im Bewusstsein derer, für die sie gestorben waren, weiter und verliehen ihnen eine unwahrscheinliche Kraft. Nouwen erinnerte sich an eine Reise nach Nicaragua, wo er in einem kleinen Dorf an der Grenze zu Honduras die Hinterbliebenen von Bauern traf, die im Befreiungskampf umgekommen waren. Sie, die Nordamerikaner, Angehörige der Supermacht, die in diesem Krieg die Militärdiktatur unterstützt hatte, fragten die Frauen, ob sie ihnen jemals die ihren Familien angetane Gewalt verzeihen könnten. Langes Schweigen. Dann sagte eine von ihnen klar und bestimmt: «Ja, wir vergeben euch, und wir wollen, dass ihr mit uns für eine bessere Welt arbeitet, damit der Tod unserer Kinder nicht umsonst war.»[117] Und alle anderen stimmten zu.

Beschämt und begeistert entdeckte er, welchen Charme und wie viel Würde diese im tiefsten Elend existierenden Menschen besaßen: Ihre Siedlungen empfand er als «arm, aber nicht deprimierend»[118]. Auf dem staubigen, ausgetrockneten Gelände der übervölkerten Vorstädte legten sie kleine Gärten an und wahrten in dem Gewimmel einen Abstand von

Familie zu Familie. Wenn sie einander besuchten, wurde das oft zu einem kleinen Fest, mit Glückwünschen, Trinksprüchen und Liedern. Ihren kargen Besitz teilten sie voller Freude. «Das ganze Leben ist ein Geschenk, ein Geschenk, das man feiern muss, ein Geschenk, an dem alle sich freuen sollen.»[119]

Gracias! – «Danke», so nannte er die amerikanische Originalausgabe seines lateinamerikanischen Tagebuchs. Denn das war seine stärkste Erfahrung in der Dritten Welt gewesen: Viele Familien wussten nicht, ob man morgen zu essen und Arbeit haben würde. Aber was man auch gab, Brot, einen Händedruck, ein gutes Wort, eine Umarmung, alles war ein Grund zur Freude und zum «Gracias»-Sagen.

«Und langsam lernte ich. Ich lernte, was ich wohl irgendwo in meinem geschäftigen, durchorganisierten und sehr ‹nützlichen› Leben vergessen haben muss. Ich lernte, dass alles, was da ist, vom Gott der Liebe frei geschenkt wird. Alles ist Gnade. Licht und Wasser, Obdach und Nahrung, Arbeit und Freizeit, Kinder, Eltern und Großeltern, Geburt und Tod…, alles wird uns geschenkt. Warum? Damit wir ‹Gracias›, ‹danke›, sagen können, Gott, einander, allen und jedem danken können.»[120]

Jahrhundertelang hätten sich die Menschen aus dem Norden eingebildet, die im Süden missionieren zu müssen. Seit im Fernsehen Bilder von sterbenden Kindern gezeigt würden, komme das Motiv der Hilfe hinzu, um die Schuldgefühle loszuwerden, dass es uns so gut gehe. Jetzt endlich kämen die Industrienationen zu der Einsicht, dass in vielerlei Hinsicht sie die Armen und Hilfsbedürftigen seien, die sich von der Dritten Welt beschenken lassen sollten. «In der Seele Lateinamerikas ruht ein verborgener Schatz, ein geistlicher Schatz, in dem wir ein Geschenk an uns erkennen müssen, die wir unser Leben in der Illusion von Macht und Selbstherrlichkeit fristen. Es ist der Schatz der Dankbarkeit, der uns helfen kann, die Mauern unserer persönlichen und kollektiven Selbstgerechtigkeit zu durchbrechen, und uns davor bewahren kann, uns und unseren Planeten in dem vergeblichen Versuch, uns an das zu klammern, was wir für unser Eigen halten, zu vernichten.»[121]

Was bei den Katholiken landläufig «Messe» heißt, wird in der uralten kirchlichen Tradition *eucharistia* genannt, «Danksagung». Deshalb nennt Nouwen die Armen, die er in der Dritten Welt kennen gelernt hat, «ein ‹eucharistisches› Volk, Menschen, die wissen, wie man Gott, dem Leben und einander dankt. Sie kommen vielleicht nicht zur Messe, sie beteiligen sich vielleicht auch nicht an vielen kirchlichen Feiern. Aber im Herzen sind sie tiefreligiös, da das ganze Leben für sie eine einzige *fiesta* mit Gott ist.»[122]

Er vergleicht den nackt am Kreuz gestorbenen Jesus mit den nackten Indio-Kindern in Cochabamba, die in einem armseligen Wasserbassin herumsprangen und dann zu ihm liefen, um sich auffangen und küssen zu lassen. «Der nackte König am Kreuz und die nackten Kinder von Cochabamba gehören zusammen. Der Gott, der die Liebe ist, steht bei den Kindern, die sich nach Liebe sehnen. Ich wusste, dass ich auch da meinen König gesehen hatte.»[123]

An Allerseelen feiern die Lateinamerikaner ihre Toten. Fröhliche Prozessionen ziehen auf die Friedhöfe, verwandeln die tristen Stätten in ein Lichtermeer, und an den Gräbern wird musiziert, geschmaust und getrunken. Nouwen war erst etwas befremdet von dem «Riesenpicknick» an den Grabstätten und von der Sitte, kleine Buben von Grab zu Grab marschieren und ihre Gebete herunterleiern zu lassen und dann mit Bananen und Kuchen zu belohnen.

Doch dann entwickelte er so etwas wie Ehrfurcht vor dieser unbefangenen, archaischen Religiosität: «Ich sah, wie Kinder, die um ihr Überleben kämpfen mussten, von den Toten das Leben erhielten, und wie die Toten von den kleinen Kindern, die um das Heil ihrer Seelen beteten, mit Hoffnung beschenkt wurden. Ich sah eine tiefe Gemeinsamkeit zwischen den Lebenden und den Toten, eine innige Einheit, die in Worten und Gesten zum Ausdruck kam, deren Bedeutung unserem praktischen und oftmals skeptischen Denken leicht entgeht.»[124]

In irgendeinem lateinamerikanischen Dorf feierte Nouwen das Requiem für einen achtzehnjährig tödlich verunglückten jungen Mann namens Antonio. Nach dem Gottesdienst wollte er der Mutter in seinem schlechten Spanisch, verlegen zu Boden blickend, sein Beileid bekunden. Doch die bedankte sich für die schöne Messfeier und bat ihn, mitzukommen und mit der Familie zu essen: «Seien Sie nicht traurig, Pater. Wissen Sie nicht, dass Gott unseren Antonio liebt, dass Gott ihn uns für einige Jahre geschenkt hat und ihn nun im Himmel haben möchte? Wir sind dankbar, dass er bei uns gewesen ist, und wir sind ebenso dankbar, dass er nun für immer bei Gott sein darf.» Und Henri begriff beschämt, wer hier der Schenkende und Tröstende war. «Sie war in gleichem Maße zu mir gesandt wie ich zu ihr.»[125]

Der Yogi und der Kommissar

Henri Nouwen träumte eine Vision: Wie wäre es, «mit zwei oder drei Brüdern oder Schwestern mitten in einem der *barrios* von Lima zu wohnen, feste Gebetszeiten einzuhalten, durch die Straßen zu gehen, Besuche zu machen, einen Tag mit Studium und Betrachtung zu verbringen, wann immer möglich, Gastfreundschaft zu üben und die Geheimisse der Gegenwart Gottes zu feiern»[126]?

Er dachte ernsthaft darüber nach, sich in Peru niederzulassen und als Gastdozent in Verbindung mit den amerikanischen Universitäten zu bleiben. Der Traum scheiterte bald. Spanisch zu sprechen fiel ihm schwer. Er konnte sich nicht an den Gedanken gewöhnen, nur noch ein kleiner Mitarbeiter in irgendeiner Missionsstation zu sein. Und er war eben doch die westliche Welt gewöhnt, die perfekt organisiert ist und alles zu bieten hat, was das anspruchsvolle Herz begehrt. Dagegen Lateinamerika! Nouwens Freund und Biograph Jurjen Beumer nennt den Kontinent «eine Welt voll Staub, Krach, Hitze und Beschwerlichkeiten [...], in der beinahe alles schiefgeht und beinahe nichts zur abgesprochenen Zeit passiert. Die Gewöhnung an eine solche Kultur dauert Jahre, viel zu lange für einen ungeduldigen und unruhigen Mann wie Nouwen.»[127]

Erschrocken über sich selbst, enttäuscht von der eigenen Unbeweglichkeit, kehrte Nouwen in die USA zurück, wechselte an die Harvard Divinity School in Cambridge (Massachusetts), wo man ihm erlaubte, nur jeweils eine Jahreshälfte zu unterrichten und die andere Zeit zur freien Verfügung zu haben. Seine Lateinamerika-Erfahrungen spielten von da an eine große Rolle in seinen Vorträgen, Statements und Büchern.

Die Beschränkung auf eine reine Herzensreform kritisierte er dabei genauso wie die Verengung auf den Kampf um Strukturen und Rechte. Er bediente sich einer Unterscheidung, wie er sie im Roman *The Yogi and the Commissar* des Kosmopoliten Arthur Koestler gefunden hatte: Der Yogi glaube, dass sich nur durch Arbeit am eigenen Innern etwas ändern lasse, nicht durch äußere Organisation, und übersehe dabei, dass die kolossalen gesellschaftlichen Probleme Einsichten und Fähigkeiten des Einzelmenschen weit überstiegen. Der Kommissar hingegen, «der fest davon überzeugt ist, dass es so nicht weitergehen kann, zieht aus, um die Welt zu verändern, und unterliegt der Versuchung, zu unterstellen, er selbst bedürfe keiner Veränderung. Statt sich selber als Mitglied der Gesellschaft zu sehen, die reformbedürftig ist, kann es sein, dass er mit der Wahnvorstellung an sie herangeht, er sei der Erlöser dieser Gesellschaft, und er sei selber unanfechtbar, liege immer richtig und mache nichts falsch.»[128]

Gern erzählte er von einer skurrilen Begegnung mit Tomás Borge, dem späteren nicaraguanischen Innenminister, dessen Sandinisten damals einen verzweifelten Kampf gegen die von den USA gesponserten Contras führten; am Befreiungskampf nahmen auch viele Christen voller Leidenschaft teil. Nouwen besuchte ihn in seinem Büro in Nicaragua und war auf einen persönlichen Erfahrungsaustausch gespannt. Stattdessen empfing ihn eine Schar Journalisten und Fotografen, während Borge fünfzig Minuten lang über die amerikanische Politik und die Beziehungen zwischen Staat und Kirche in Nicaragua dozierte. Und Nouwen? «Borge weiß schon alles», stellte er amüsiert fest. «Man hat keine Chance, ein Wort einzuwerfen.»[129]

Für Nouwen hingegen gehörten Engagement und Demut, Gebet und Aktion, Kampf und Kontemplation zusammen. Er plädierte für eine Spiritualität, die den Kampf für eine Humanisierung dieser Welt mit dem Vorgeschmack der ewigen Freude verbindet, und warnte vor der Versuchung, die Machthaber nur auszutauschen und eine Form der Unterdrückung durch eine andere zu ersetzen.

Als im November 1989 die Berliner Mauer fiel, verfolgte Nouwen dieses Fanal eines unblutigen Freiheitskampfes mit brennendem Interesse. Doch statt nach Berlin zu fahren, wie er es eigentlich vorhatte, pilgerte er zum Marienheiligtum Lourdes! «In diesem Moment meiner persönlichen Geschichte und der Weltgeschichte», erläuterte er seinen verblüfften Freunden, «muss ich zum Kern des Daseins gehen: dem Kern, an dem sich Zeit und Ewigkeit berühren, wo Himmel und Erde sich begegnen, wo Gottes Wort Fleisch wird, wo Tod und Unsterblichkeit sich umarmen».[130]

Die günstigen Arbeitsbedingungen in Harvard erlaubten ihm, erneut nach Lateinamerika zu reisen: nach Mexiko, Nicaragua, Honduras, Guatemala. Immer tiefer und unabweislicher begriff er die konkrete Bedeutung der Fleischwerdung Gottes in Jesus, einem Kind armer und verfolgter Leute, und die untrennbare Verbindung des Evangeliums mit dem Schicksal der Elenden.

Wie blutleer schien ihm dagegen seine bisherige Spiritualität! Henri: «Eigentlich war es eine Spiritualität für introspektive Menschen, die den Luxus genießen, genug Zeit und Platz dafür zu haben, um innere Ruhe und Harmonie zu entwickeln. Im Grunde hatte ich sogar die Evangelien ziemlich romantisch gelesen.»[131]

© Kevin Dwyer

6

ANKOMMEN

In der Schule eines so genannten behinderten Lebens

6 ANKOMMEN

«Wir müssen unsere Gebrochenheit segnen.»[132]

Als Henri Nouwen zum ersten Mal Rembrandts Bild *Die Heimkehr des Verlorenen Sohnes* sah, traf es ihn wie ein Blitzschlag: «Ich war wirklich der von langen Reisen erschöpfte Sohn, sehnte mich nach Umarmung, suchte ein Zuhause, wo ich mich sicher fühlen konnte. Ich war und wollte nichts anderes mehr sein als der Sohn, der heimkehrte».[133]

Er litt an Einsamkeit, auch wenn er überall Anhänger hatte und zahllose Menschen kannte. Mitten in der Nacht rief er Freunde an und bat sie voller Verzweiflung um ein Gespräch. Er sei immer noch der rastlose, nervöse, zerstreute und impulsive Mensch wie bei seiner Priesterweihe vor langer Zeit, schrieb er traurig in sein Tagebuch. «Nach fünfundzwanzig Jahren im Priesteramt zeigte sich, dass mein Beten armselig war, dass ich irgendwie am Rande lebte und nur lauter brennende Gegenwartsfragen im Kopf hatte. Jedermann beteuerte, ich leiste Großartiges, aber eine Stimme in meinem Innern sagte, mein Erfolg stelle eine Gefahr für meine Seele dar. [...] Nie hatte ich über die Hölle geredet – oder jedenfalls bloß im Scherz –, aber eines Morgens wachte ich auf und hatte das Gefühl, ich lebe im Stockfinstern, und das Wort ‹ausgebrannt› sei ein recht angemessener psychologischer Ausdruck für den geistlichen Tod.»[134]

Immer wieder gab es Nackenschläge wie die Reaktion von Fred Bratman auf das Buch, das er sich als Einladung zu einem spirituellen Leben für sich und seine «weltlichen Freunde» gewünscht hatte: *Du bist der geliebte Mensch*. Seine, Henris Bücher seien zwar toll, sagte er ihm, aber doch eher für die «Bekehrten» geeignet, für die überzeugten Gläubigen. Ihm persönlich hätten sie nichts besonders Wichtiges zu sagen. So sei das auch mit Henris neuestem Werk, und seine Freunde sähen das genauso.

Bei allem Bemühen – musste sich Henri anhören – spreche er eben doch aus einer Weltsicht und Tradition heraus, die richtig «weltlichen» Menschen fremd sei. Bevor er vom Bewusstsein, ein «geliebter Mensch» zu sein, rede, müsse er doch erst einmal klären, wer Gott sei, warum es mich gebe, wie ich meinem Leben einen Sinn geben könne. Henri tröstete sich mit der Erfahrung, dass gerade dieses Buch von wachen, suchenden Christen in England und Amerika verschlungen wurde und Gott offenbar nicht ohne Ironie «seine gottlosen Freunde dazu benützt, um seine Jünger zu unterweisen»[135].

Und er schrieb weiter, jeden Tag. «Schreiben kann uns helfen, uns auf die tieferen Regungen unseres Herzens zu konzentrieren und mit ihnen in Kontakt zu kommen; Schreiben kann zu einem Klärungsprozess für unsere ungeordneten Gedanken und Empfindungen werden; Schreiben regt an, über unsere Erfahrungen nachzudenken und Erlebtes in eine klare Form zu bringen, besondere Ereignisse in unserer Erinnerung festzuhalten.[...] Schreiben kann dann für uns und manchmal auch für andere ‹überlebensnotwendig› sein.»[136]

Das Vögelchen in der Hand

Da bekam Henri eines Tages den Anruf eines alten Freundes, Jean Vanier. Er war Philosophieprofessor im kanadischen Toronto gewesen und lebte jetzt in einem kleinen französischen Dorf in einem Häuschen mit behinderten Menschen zusammen. Henri und Jean trafen sich zu stillen Besinnungstagen, und schließlich besuchte Nouwen den Freund in seiner neuen Heimat in Frankreich. Es war seine erste Begegnung mit der *Arche,* wie das kleine Haus im Dörfchen Trosly-Breuil in der Nähe von Paris hieß und wie die Gemeinschaften genannt wurden, die bald darauf in der ganzen Welt entstanden, in Belgien, Italien, Spanien, Mexiko, Haiti, Honduras, an der afrikanischen Elfenbeinküste und in Indien. Vanier hatte nicht im Traum an eine solche internationale Ausbreitung gedacht. «Er wollte nur arm sein mit den Armen»[137], sagte Henri über ihn, mit zwei behinderten Menschen namens Raphael und Philippe.

«Die Arche»: Ein Name, der an Heimat und Rettung denken lässt. Ein Name, der Hoffnung transportiert. Geistig, oft auch körperlich schwer behinderte Menschen werden aus der Anonymität großer Anstalten geholt und beginnen eine neue Existenz in überschaubaren Gemeinschaften, wo sie mit Nichtbehinderten zusammenleben. Betreut, beschützt, medizinisch behandelt werden sie hier auch, aber der Grundgedanke ist ein gleichberechtigtes Zusammenleben in Würde und – es mag pathetisch klingen – in Liebe.

In der Regel lösten schwer Behinderte bei den so genannten normalen, gesunden Leuten Befremden und Angst aus, erläuterte Nouwen, weil sie offenbar in einer anderen Welt lebten und keinen Beitrag für die Gesellschaft leisten könnten. «Jean Vanier erkannte: Solange diese behinderten Männer und Frauen ‹die anderen› bleiben, werden sie Opfer kalter Institutionen oder erstickender Überbehütung. Er bemerkte, wie sie als Fremde zurückgewiesen oder als persönlicher Besitz umklammert werden.»[138] Hier in Trosly-Breuil sollten sie Geborgenheit finden wie eine schützende Hand.

So pflegte Vanier zu zeigen, was ihm vorschwebte: Er streckte den Arm aus und wölbte seine Hand, als hielte sie ein verwundetes Vögelchen. Er durfte die Hand nicht ganz öffnen, sonst würde der kranke Vogel zu flattern versuchen, zu Boden fallen und sterben. Aber er durfte sie auch nicht fest schließen, um das Tierchen nicht zu erdrücken. So suchte er mit seinen behinderten Freunden umzugehen – in einer Intimität, die zwischen kalter Distanz und erstickender Nähe die Balance hielt.

Henri blieb sechs Wochen in Trosly und reiste noch mehrmals hierher, er war fasziniert und gleichzeitig beunruhigt: «Mit geistig Behinderten zusammenzuwohnen und sie zu betreuen, schien genau das Gegenteil dessen zu sein, wozu ich durch Ausbildung und Berufserfahrung qualifiziert war. Alles andere schien vernünftiger und nützlicher zu sein als ein Eintritt in die ‹Arche›. Und doch … Jean Vanier, meine Freunde in der ‹Arche› und vor allem die Behinderten selbst sagten immer wieder leise, aber beharrlich: ‹Hier ist für dich ein Zuhause; vielleicht brauchst du uns.› All mein Verlangen, nützlich, erfolgreich und produktiv zu sein, lehnte sich jedoch dagegen auf.»[139]

Henri wusste, dass er zwei linke Hände hatte und dass sein praktisches Talent eine Katastrophe war. Sein Bruder Laurent erinnert sich, wie er bei einem Besuch in Freiburg in zwei Wochen vier Tauchsieder ruinierte, weil er immer wieder vergaß, Wasser einzufüllen. Wollte Henri auf dem Grillplatz vor dem Haus seines Vaters Feuer machen, stürzten sofort Freunde herbei und nahmen ihm alles aus der Hand, weil sie um das Gebäude fürchteten. Sein neunzigjähriger Vater weigerte sich, in sein Auto einzusteigen – mit der Begründung, er wolle nicht so früh sterben. Bruder Laurent konnte den Vater verstehen: Er war einmal hinter Henri hergefahren und hatte Mühe gehabt, sich auf dessen hektischen Wechsel aus Bremsen und Beschleunigen einzustellen.

Aber auch aus einem anderen Grund war Henri zutiefst verunsichert. Er hatte gelernt, wie man redet und schreibt, wie man argumentiert und analysiert. Wie sollte er sich Menschen mitteilen, die kaum sprechen können und an hochgestochenen Diskussionen kein Interesse haben? Er hatte Angst. Er wusste genau, wie schwer es werden würde, das Evangelium Menschen zu verkünden, die mehr mit dem Herzen zuhören als mit dem Kopf – «und die viel empfänglicher für das sind, was ich lebe, als für das, was ich sage».

Er wusste, bei diesen Menschen wird er sich nicht hinter geschliffener Rhetorik verstecken können. Behinderte Menschen sind immer aufs Neue verwundet worden, sie haben ein hoch entwickeltes Sensorium dafür, ob ihnen jemand aufrichtig und mit Respekt gegenübertritt oder ob sein Interesse geheuchelt, seine Freundlichkeit gespielt ist.

Die «Arche», das sah er klar, würde ihn mit eigenen Lebenslügen konfrontieren, würde Schwachstellen seines Selbst ans Tageslicht befördern – aber sie würde ihn auch frei machen. Das Ja, das er am Ende sagte, konnte nur «ein widerspenstiges Ja unter schrillem Protest» sein. «Es ist ein Ja, das aufsteigt aus der Erkenntnis, dass auch ich ein gebrochener Mensch bin und der Heilung bedarf.»[140] Und aus der Sehnsucht, dem Herzen Gottes endlich näher zu kommen.

Schließlich setzt er alles auf eine Karte. Henri Nouwen verlässt die glanzvolle Welt der Harvard University und geht für ein ganzes Jahr nach Trosly. Es ist eine erregende Erfahrung für ihn, mehr empfangen zu dürfen als geben zu sollen. In seinem Tagebuch notiert er voller Staunen:

«Das nicht an Leistung orientierte Leben bei den geistig Behinderten, ihre natürliche Veranlagung, mich ohne Rücksicht auf Rang und Namen bei sich aufzunehmen, und die beharrliche Aufforderung, mit ihnen ‹Zeit zu verschwenden›, haben in mir einen Raum erschlossen, der mir bislang nicht zur Verfügung gestanden hatte, einen Raum, in dem ich die stille Einladung Jesu vernehmen konnte, bei ihm Wohnung zu nehmen.»[141]

Rosies Schreikrämpfe und Bills Umarmung

Henri steht vor Herausforderungen, wie er sie noch nie erlebt hat – und er macht Erfahrungen, wie er sie nicht für möglich hielt. Faszinierend und auch beschämend, welche Kräfte in diesen vermeintlich gestörten, vielfach beeinträchtigten Menschen stecken: Eric kann weder sprechen noch gehen und ohne Hilfe nicht einmal essen, aber wenn es zwischen den Betreuern zu Spannungen kommt, spürt er das sofort und hämmert seinen Kopf gegen die Wand. Hat sich die Atmosphäre wieder beruhigt, dann strahlt er über das ganze Gesicht und versucht, den versöhnten Streithähnen jede Freude zu machen.

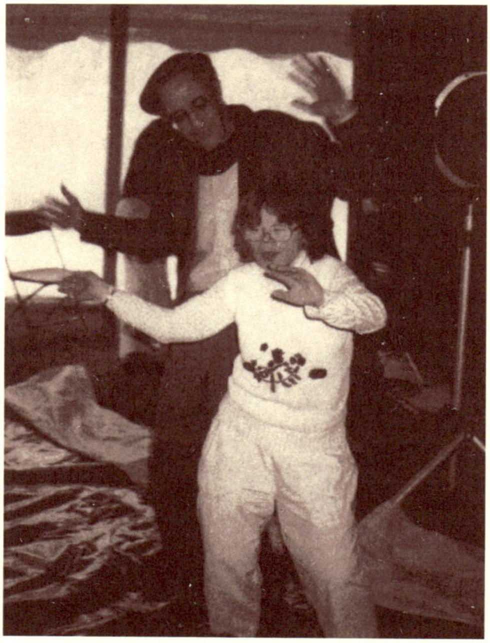

Foto: Alan Cook

Er lässt sich führen: Henri tanzt mit Linda Slinger

Auch Gérard ist stumm und kann allein keinen Schritt tun und sich nicht anziehen, aber mit seinem Lächeln schenkt er einem alles, was man sich nur zu wünschen vermag. Danny tut sich beim Nachtgebet sehr schwer, aus einem Buch von Jean Vanier vorzulesen, aber dann kommt ein wunderschönes Gebet aus seinem Herzen: «Ich habe dich lieb, Jesus. Ich weise dich auch dann nicht ab, wenn ich schon einmal die Nerven verliere [...]. Ich liebe dich mit meinen Armen, meinen Beinen, meinem Kopf und meinem Herzen [...].»[142]

Ein junges Mädchen mit schlimmen Wunden, schön und zerbrechlich, erkrankt lebensgefährlich. Sofort versammeln sich seine behinderten Gefährtinnen und Freunde um eine Kerze und eine rote Rose und beten so innig für die Todeskandidatin, dass Henri die Tränen in die Augen steigen.

Daniel hat die Nachricht vom Tod seines Vaters erhalten. Beim Abendessen berichtet er mühsam von seiner Großmama, die der Tod ihres Sohnes tief erschüttert hat. Dann lädt er alle zum Gebet in sein Zimmer ein; bemerkenswert, weil er seine Privatsphäre sonst eifersüchtig hütet und auch nie zum gemeinsamen Nachtgebet kommt. «Aber heute Abend hat er allen die Tür zu seinem Leben weit geöffnet, damit sie eintreten und seinen Schmerz mit ihm teilen könnten.»[143] Er stellt ein paar Kerzen und kleine Figuren auf den Boden. Pépè, der nur wenig spricht, bringt ein Bild seiner verstorbenen Mutter und stellt es stumm zu den Kerzen. Eine Betreuerin sagt zu Henri: «Wir hatten uns schon den Kopf zerbrochen, was wir tun könnten, um Daniel zu helfen. Aber da hat er uns selbst etwas gezeigt, worauf niemand anders je gekommen wäre. Das Herz weiß viel, viel mehr als der Kopf!»[144]

Er erlebt ein bisher nicht gekanntes Glück, als Bill beginnt, ihn zärtlich an sich zu drücken, als Trevor ihm Blumen schenkt und Raymond ihm sein phantasievoll dekoriertes Zimmer zeigt, als sogar die schwer geschädigte, immer wieder unmotiviert in Schreikrämpfe ausbrechende Rosie anfängt, ihn strahlend anzulächeln.

Natürlich ist das Zusammenleben mit schwer geschädigten Menschen nicht immer eitel Sonnenschein. Raymond benimmt sich grundsätzlich ruppig, stößt jeden vor den Kopf, bedankt sich nie. «Wenn ich zu ihm sage:

‹Guten Morgen, Raymond›, dann erwidert er: ‹Ich bin noch so müde.› Wenn ich zu ihm sage: ‹Du wirst mir fehlen, wenn du übers Wochenende fort bist›, entgegnet er: ‹Aber du wirst mir sicher nicht fehlen.› Wenn ich ihn von auswärts anrufe, nörgelt er: ‹Nerv mich nicht, ich esse gerade.› Wenn ich ihm ein nettes Geschenk mitbringe, jammert er: ‹Ich habe schon zu viel Zeug im Zimmer.›»[145]

Erst als er ihn einmal hilflos anbrüllt «Aber du bist doch so ein guter Mensch!» und Raymond empört zurückschreit «Nein, überhaupt nicht!», erst da begreift Henri, dass diese Aggressionen und die dahinter steckende Scham und Selbstverachtung für Raymond die einzige Möglichkeit bedeuten, seinem Leiden einen Sinn zu geben. Und er, Henri, entdeckt in dem ewig nörgelnden Raymond plötzlich sein Spiegelbild, seine eigenen Selbstanklagen und Schuldgefühle.

Henri: «Es ist mir nicht immer leicht gefallen, mich bei diesen verwundeten Menschen zu Hause zu fühlen, da sich unter der Oberfläche der Umarmungen, [...] der Blumen und des Lächelns so viel Schmerz und Unerwünschtheit verbirgt, aber das, was sie schenken, wird so großzügig geschenkt, dass es Bande tiefer Zuneigung schafft.»[146] Und: «Was in ihren Augen wirklich zählt, sind echte Beziehung, wahre Freundschaft und verlässliches Zur-Stelle-Sein.»[147]

Seine Ahnung hat ihn nicht getrogen: In der Gemeinschaft der «Arche» kann er sich nicht verstellen und verstecken. Die Behinderten durchschauen jede Fassade. Henri gesteht, auf dieses Talent, auf die Unmittelbarkeit ihrer Gefühle und die lautere Schlichtheit ihres Betens sogar ein wenig «eifersüchtig» zu sein. Oft komme er sich immer noch vor wie ein plumper Zuschauer. «Herr», betet er, «gib mir ein Herz, wie diese Menschen es haben!»[148]

Weil hier nicht die geringste Heuchelei mehr möglich ist, fühlt er sich zu immer größerer Aufrichtigkeit und Liebe herausgefordert. Menschen, die ihre Behinderungen so wenig verbergen können, erlauben es auch ihren Freunden und Betreuern nicht, die ihren zu verheimlichen. Die eigenen Behinderungen, damit meint Henri nicht nur sein enormes Ungeschick, ein Haus sauber zu halten, anständige Mahlzeiten auf den Tisch zu bringen, Reparaturen zu erledigen. Wie dankbar ist er, der Tollpatsch im Haushalt, für jedes verständnisvolle Wort, für jedes helfende Zupacken!

Aber entscheidend ist eine andere Erfahrung gewesen: «Die verletzten Gefühle der geistig Behinderten in meinem Heim waren es, die mir die Tür zu meinem eigenen geschädigten Gefühlsleben geöffnet haben. Sehr bald habe ich mich gefragt: ‹Liegt mir wirklich etwas an diesen Menschen? Bin ich wirklich bereit, sie zum Mittelpunkt meines Lebens zu machen? Was meine ich eigentlich, wenn ich zu ihnen sage: ‹Ich liebe dich?› Wie aufrichtig bin ich eigentlich? Bin ich zu einer dauernden Bindung fähig? Oder… ist mein Bemühen um diese gebrochenen Menschen nur wenig mehr als ein Versuch zur Steigerung meines Selbstwertgefühls? […] Ich befinde mich immer noch mitten in diesem Ringen und komme mir dabei recht erbärmlich vor.»[149]

Das Zusammenleben mit Eric und Rosie, Bill und Raymond bringt ihn seinen eigenen Verwundungen näher, lässt die Grenzen verschwimmen. «Adam, Rosie und Michael konnten nicht sprechen, hingegen sprach ich zu viel. Adam und Michael konnten nicht gehen, hingegen rannte ich umher, als würde das Leben nur noch aus dringenden Fällen bestehen. Ja, John und Roy brauchten Hilfe bei ihren täglichen Aufgaben, aber dasselbe galt ständig auch für mich. ‹Helft mir, helft mir!› Und als ich den Mut besaß, etwas in die Tiefe zu sehen und mich mit meinen emotionalen Bedürfnissen, meiner Unfähigkeit zu beten, meiner Ungeduld und Unrast, meinen vielen Ängsten und Befürchtungen zu beschäftigen, erhielt das Wort ‹Behinderung› bald eine völlig neue Bedeutung.»[150]

Das Abenteuer von Daybreak

Ende 1985 macht Nouwen einen Besuch in der Arche-Gemeinschaft Daybreak in Kanada. Auf einem Bauernhof, dreißig Autominuten vom Stadtkern von Toronto entfernt, stehen drei Häuser für Behinderte und ihre Assistenten, ein Versammlungshaus, eine Schreinerwerkstatt, eine

Scheune. Zurückgekehrt nach Trosly, erhält er einen Brief aus Kanada: Ob er nicht für immer nach Daybreak kommen wolle? «Wir fühlen wirklich, dass Sie uns etwas geben können.»

Nouwen nimmt die Einladung an. Er wird Seelsorger der Gemeinschaft von Daybreak. «Tagesanbruch» heißt das; sein bewegendes Tagebuch, wie er zur «Arche» findet *(The Road to Daybreak)*, trägt den deutschen Titel: *Nachts bricht der Tag an.*

Gemeinsam mit sechs Behinderten und einigen Betreuern wohnt er in einem der kleinen Häuser. In Daybreak erlebt er noch verblüffendere Abenteuer als in Trosly, aber sie erstaunen ihn weniger; er weiß inzwischen, die so genannten Behinderten kennen das Geheimnis der Freiheit.

Nouwen soll einen Vortrag über Seelsorge und Menschenführung in der Kirche des 21. Jahrhunderts halten, in einem illustren Kreis, beim *Center of Human Development* in Washington. Er hat ein wenig Angst. Wird seine Zukunftsvision, der Ratschlag eines Aussteigers, brauchbar sein? Da erinnert er sich an die Aussage im Evangelium, dass Jesus seine Jünger jeweils zu zweit ausgesandt habe, um seine Botschaft zu verkündigen.

Die Gemeinschaft von Daybreak gibt ihm Bill van Buren mit, einen jungen Behinderten, der zwar keinen komplizierten theologischen Diskussionen folgen, sich aber ziemlich gut in Worten und Gebärden ausdrücken kann. Henri hat ihn kurz zuvor auf seinen Wunsch getauft, und Bill spricht ganz begeistert von der Aufgabe aller Getauften, anderen die gute Nachricht von Jesus zu verkünden. Als er merkt, wie nervös Nouwen ist, tröstet er ihn: «Wir machen das schon miteinander!»

Zu Beginn seines Vortrags im feudalen Ambiente eines Hotels in der Washingtoner *Crystal City*, die aus gläsernen Wolkenkratzern besteht, hat Henri doch etwas Lampenfieber: Wie wird sich Bill benehmen, wird er etwas Peinliches sagen? Doch als sich sein Begleiter dann neben dem Rednerpult aufbaut, die fertig vorgelesenen Seiten sorgsam auf ein Tischchen stapelt und Henris Ausführungen ab und zu mit einem lauten «Das stimmt, das habe ich schon gehört!» bekräftigt, findet Nouwen das überraschenderweise ganz angenehm.

«Bills Einwurf schuf eine neue Atmosphäre im Festsaal: sie wurde lockerer, leichter und spielerischer. Irgendwie hatte Bill den trockenen Ernst der Stimmung im Raum aufgelöst und uns alle in eine normalere, weniger gezwungene Beziehung zueinander versetzt. [...] Es war, als beziehe er die Zuhörer in unsere Lebensgemeinschaft ein und lade sie ein, unser vertrautes Gemeinschaftsleben mit uns zu teilen.»[151]

Als der Vortrag vorüber ist, bittet Henri sein Publikum, sich noch einmal zu setzen, Bill wolle etwas sagen. Unter größter Anstrengung bedankt sich Bill und erklärt höflich, wie glücklich er sei, hier sein zu dürfen. Bills Anwesenheit, gesteht der Ex-Professor Nouwen neidlos ein, habe mehr Eindruck hinterlassen als seine Rede.

Bill begleitet ihn noch öfter auf Reisen, nach Los Angeles und New York, er erzählt Bischöfen, Kellnerinnen, Parlamentsabgeordneten und Liftboys mit unwiderstehlichem Charme seine Witze, und immer hat er sein «Lebensalbum» dabei: Erinnerungen an die verstorbenen Eltern, Fotos vom Kegelclub, dem er angehört, Bilder, die Freunde für ihn gemalt haben. «Er zeigt es vor», freut sich Henri, «als ein Mensch, der daran glaubt, dass er sich seines Lebens nicht schämen muss, sondern dass sein Leben eine Gabe für andere ist.»[152]

Da ist auch noch Tracys ansteckendes Lachen, wenn ihre Freunde zu Besuch kommen, Lorettas aufmerksame Fürsorge für andere, die noch mehr behindert sind als sie – und Trevor!

Trevor muss für einige wichtige Untersuchungen ein paar Monate von Daybreak in eine psychiatrische Klinik nahe Toronto wechseln. Henri möchte ihn besuchen, wird vom Klinikseelsorger respektvoll empfangen und einem erlesenen Kreis von Ärzten, Priestern und Krankenschwestern vorgestellt. Mittagessen im «Goldenen Zimmer». Doch wo ist Trevor? Klinikpersonal und Patienten könnten natürlich nicht zusammen speisen, sagt man Nouwen. Doch nach dem Essen dürfe er selbstverständlich zu ihm gehen.

Henri besteht darauf, dass Trevor geholt wird, was nach einigem Geflüster auch geschieht. Das Mahl beginnt in feierlicher, etwas steifer Atmosphäre, da steht Trevor plötzlich auf, erhebt sein Glas Cola, als sei es ein kostbarer alter Burgunder, und verkündet mit lauter Stimme und breitem Lachen: «Meine Damen und Herren, ein Toast!»

Um Himmels Willen, was wird der Kerl anstellen? Aber Trevor lässt sich nicht beirren. Als wäre es die selbstverständlichste Sache der Welt, fängt er an zu singen: «Wenn du glücklich bist und du weißt es, erheb dein Glas! Wenn du glücklich bist und du weißt es...» Immer wieder dieselbe Strophe. Die gespannten Mienen lösen sich, der eine oder andere stimmt zaghaft in das Lied ein, schließlich stehen alle auf und singen, während Trevor dirigiert, ausgelassen mit. Die Stimmung hat sich völlig geändert. Aus einer ziemlich langweiligen Gesellschaft ist eine Familie glücklicher Menschen geworden, bereit, miteinander zu fühlen und einander zu bereichern.

Aus dem Haus der Angst in das Haus der Liebe

In Daybreak kann man das Feiern lernen. Auf den Tischen stehen immer Blumen und oft auch Kerzen, am Abend wird gebetet, gesungen, spontan getanzt. Kein Tag vergeht ohne den Schimmer einer neuen Hoffnung und

Weihnachten in Daybreak, 1986. Rechts von Henri sitzt Adam Arnett

ohne den Klang einer Stimme, die von Liebe spricht, berichtet Henri: «Entweder hat Brad Geburtstag oder es ist das Fest des heiligen Franziskus, entweder geht Alain fort oder Emile kommt zurück, entweder beginnt die Adventszeit oder die Fastenzeit ist zu Ende, entweder hat Sylvia ihre Mutter verloren oder Gerard ein Schwesterchen bekommen; ja, entweder der Herr stirbt am Kreuz oder er ersteht von den Toten – alles wird gerühmt und gefeiert in einem unaufhörlichen Lobgesang der Freude, einer Freude über das Leben, das weder Krankheit noch Tod zerstören können.»[153]

Natürlich wird auch geweint – weil der erhoffte Besuch nicht gekommen ist, weil jemand fortgegangen ist, weil körperliche Schmerzen quälen oder das verdüsterte Gemüt Leid bereitet. Echte Freude bedeutet hier nicht, dauernd Späße zu machen oder die schlimme Realität wegzulächeln. Die Menschen in Daybreak «sehen mit offenen Augen die harte Wirklichkeit der menschlichen Existenz und sind gleichwohl nicht ihre Gefangenen». Sie haben begriffen, «dass unterhalb aller Hochs und Tiefs des täglichen Lebens ein nie versiegender Strom der Freude fließt».[154] Sie nehmen ihr Schicksal als Chance wahr, statt sich ständig selbst zu bedauern. Sie entdecken, dass der Kelch ihres Lebens beides enthält, Leid und Freude, dass Trauer und Tanzen nie völlig voneinander getrennt sind. «Deshalb müssen wir den Kelch lange in unseren Händen halten, um die Freude zu sehen, die in unserem Leid verborgen ist.»[155]

Henri staunt, horcht und lernt. Er lernt, sich den eigenen Zwängen und Unfähigkeiten zu stellen, Schwächen zu akzeptieren, Schmerzen zuzulassen. «Es ist ein Geheimnis, dass wir auch unsere Heilbegabung verbergen, wenn wir unseren Schmerz verbergen.»[156] Er lernt den Unterschied zwischen fruchtbarem Leben und erfüllter Leistungserwartung. Statt den Wert eines Menschen an seiner Produktivität zu messen und das Sein mit dem Tun zu verwechseln, müsse man das Leben seine eigene Bewegung entfalten lassen.

In seiner Vorliebe für sprechende Bilder lädt Nouwen die Leser ab sofort ein, aus dem Haus der Angst in das Haus der Liebe zu ziehen. Statt Misstrauen, Rivalität, Eifersucht, Verdächtigungen zu kultivieren – «Worauf ist er wirklich aus? Da steckt doch etwas dahinter!» –, sollten sie es wagen, die versteckten Waffen fallen zu lassen, dem barmherzigen Gott zu vertrauen und den Mitmenschen liebevoll entgegenzukommen. Das bedeute keineswegs, «Fußabtreter für unsere machtgierige Gesellschaft»[157] zu werden. Denn eine solche Theologie der Machtlosigkeit und Kleinheit ziele auf die bedingungslose Abhängigkeit von Gott – nicht auf die Unterwerfung unter die «Machtspiele» in Welt und Kirche. Und die von Gott geschenkte Stärke und Unabhängigkeit verwandle gerade diese zementierten irdischen Machtverhältnisse.

In Daybreak entwickelt Henri Nouwen eine zornige Sensibilität für die im Namen Gottes praktizierte Unbarmherzigkeit: «Tausende von geschiedenen Männern und Frauen, von Schwulen und Lesben und all die obdach- und heimatlosen Menschen, die sich in den Gotteshäusern ihrer Brüder und Schwestern in der menschlichen Familie nicht willkommen fühlten, haben sich von Gott abgewandt, weil sie die Ausübung von Macht erlebten, als sie ein Zeichen der Liebe erwarteten.»[158]

Angst bringt die Menschen – Kinder, Studenten, Patienten, Priester, Gläubige – dazu, wie Sklaven zu handeln und sogar zu denken. Angst lässt fragen: «Was soll ich ohne Freunde, ohne Ehepartner, ohne Arbeitsplatz tun? Wie kann ich Kinder in einer von totaler Vernichtung bedrohten Welt großziehen?» Auf die Botschaft der Liebe wird ein ängstlicher Mensch immer mit «Ja, aber…» antworten, wird das Vertrauen naiv nennen und Realismus predigen: «Ja, aber was ist, wenn du alt wirst und niemand da ist, der dir hilft? […] Ja, aber was ist, wenn Millionen von Flüchtlingen in dieses Land kommen […]?»[159] Resignation und Zynismus hält die Menschen im Haus der Angst fest.

Auch Jesus, so argumentiert Nouwen, hat solche Fragen gehört. Aber er hat sie durch die Art seiner Antworten umgedreht, entlarvt, auf ihre Motive zurückgeführt. Und die Menschen durch seinen Zuspruch «Fürchtet euch nicht, habt keine Angst… kommt und folgt mir… zieht hinaus und verkündet die frohe Botschaft» ermutigt, sich auf den Weg in das Haus der Liebe zu machen.

Jetzt hat er endgültig begriffen, dass in jeder menschlichen Not die Nähe eines Menschen gefragt ist, in dem Christus wieder in der Welt erscheint. Seine Gottesdienste werden immer menschlicher, zärtlicher: Wunibald Müller hat beobachtet, wie er für die Schwerbehinderten aus der Hostie ein Kügelchen formt und es ihnen so in den Mund legt, dass es ganz hinten am Gaumen anlangt und sie es schlucken können. Dann streicht er liebevoll mit der Hand über die Wange des die Kommunion Empfangenden.

«Wenn mich Behinderte um den Segen bitten», berichtete Nouwen in einem Vortrag im Münsterschwarzacher *Recollectio*-Haus, «dann sind sie nicht zufrieden, wenn ich ihnen nur das Kreuz auf die Stirn zeichne. Ich nehme sie in den Arm und gehe mit meinem Gesicht ganz nah an ihr Gesicht. Und dann sage ich: Du bist gut, du bist der geliebte Sohn Gottes, die geliebte Tochter Gottes. Es ist gut, dass es dich gibt. Du bist einmalig.»[160] Denn die Gebrochenheit, die Wunden gehörten wesentlich zum Menschen. Auch Jesus sei am Kreuz gebrochen worden. «Wir müssen unsere Gebrochenheit segnen, Gutes über sie sagen. Sie zeichnet uns aus. Darin berührt uns Gott, darin führt Gott mich zu einer neuen, sehr intimen Weise von Liebe.»[161]

Henri lernt, sparsamer mit Worten umzugehen, Post und halb fertige Manuskripte auch einmal liegen zu lassen, das Wesentliche aus dem täglichen Aufgabenberg herauszufiltern. Er nimmt sich unverschämt viel Zeit, Jesus nahe zu kommen, weil er jetzt weiß, dass diese Zeit nie verschwendet ist und seinem Umgang mit Menschen Tiefe gibt: «Langsam wird mir deutlich, dass ich von dir gesehen werden möchte», betet er, «dass ich unter deinem liebevollen Blick verweilen und zusehends an Festigkeit und Güte gewinnen möchte. Herr, lass mich sehen, was du siehst – die Liebe Gottes und das Leid der Menschen –, auf dass meine Augen immer mehr so werden wie deine Augen, die wunde Herzen heilen können.»[162] Und endlich, endlich hat er die Gewissheit: Ich bin von Gott geliebt. Die Behinderten haben ihm das beigebracht. Sie sind nicht im Geringsten von seinen akademischen Graden beeindruckt, von seinen auflagenstarken

Büchern und seinen Verbindungen zur Prominenz. Wenn sie ihn anlächeln und ans Herz drücken und küssen, dann ist das wirklich ein Geschenk, sozusagen grundlos und ohne Hintergedanken gegeben. Und er lernt, sich lieben zu lassen – von diesen Menschen und von Jesus Christus.

«Adam wurde mein Lehrer»

Man überträgt dem Neuling die Sorge für einen schwer beeinträchtigten Fünfundzwanzigjährigen, einen Epileptiker, der nicht spricht, nicht gehen kann, bei sämtlichen Alltagsbedürfnissen Hilfe braucht. Er heißt Adam – wie der erste Mensch, und Henri fühlt sich erst einmal gründlich überfordert:

«Sich um Adam kümmern und ihm helfen, das bedeutete: ihn um sieben Uhr wecken, ihm den Schlafanzug ausziehen, den Morgenmantel anziehen, ihn ins Badezimmer bringen, baden und rasieren, ihm Hemd, Hose und Jacke für den Tag aussuchen, ihn anziehen, die Haare kämmen, ihn in die Küche führen, sein Frühstück herrichten, sich neben ihn setzen, wenn er aß, sein Glas festhalten, wenn er trank, ihm die Zähne putzen, die Socken, die Mütze, Handschuhe anziehen, ihn in den Rollstuhl setzen und den holprigen Weg entlang zum Gemeinschaftsraum schieben, wo er bis zum späten Nachmittag nach einem festgelegten täglichen Programm beschäftigt wurde.»[163]

«Du kannst das schon», sagen die anderen Assistenten lächelnd. Auf diese Weise könne er Adam Arnett am besten kennen lernen. Adam war ein hübsches Baby gewesen, doch er hatte mehr als ein Jahr gebraucht, um aufrecht stehen zu können. Er lernte nie sprechen, wusste aber, was um ihn herum geschah, und entwickelte seine eigene Art, sich verständlich zu machen. Erst mit zehn durfte er die Schule besuchen, musste aber oft wegen eines epileptischen Anfalls bald wieder abgeholt werden. Natürlich lud ihn kaum ein Mitschüler zu einer Geburtstagsfeier ein.

In den Spitälern und Heimen, wo ihn seine Eltern hinbrachten, als die umfassende Betreuung über ihre Kräfte ging, wurde er bisweilen falsch behandelt und von dem überforderten Personal auch vernachlässigt. Bei einem epileptischen Anfall fiel er so unglücklich, dass er auf das Kinn aufschlug und die Schneidezähne sich tief in sein Zahnfleisch einbohrten, ohne dass man das gleich feststellte. Bis zu seinem Tod experimentierten die Ärzte mit der richtigen Dosierung seiner verschiedenen Medikamente – und erst als er gestorben war, stellten sie fest, dass die Antiepileptika sein Herz geschwächt hatten.

Für jemanden wie Adam war Daybreak ein Stück vom Paradies. Einer der Assistenten flog eigens nach Frankreich, um sich das nötige Wissen für den Umgang mit einem Epileptiker anzueignen; das Badezimmer wurde umgebaut und mit speziellen Haltegriffen ausgestattet.

Und jetzt bekommt Henri den Auftrag, sich um das schwächste Mitglied der Familie von Daybreak zu kümmern! Voller Angst, alles falsch zu machen und dem Stummen weh zu tun, beginnt er sein ungewohntes Tagewerk – und macht nach den ersten harten Wochen eine verblüffende Erfahrung: *Er* ist der Lernende in dieser Beziehung, *er* profitiert (wenn man das kalte Wort verwenden darf) vom behinderten Adam. Adam bringt ihn zur Ruhe. Adam führt ihn zum Nachdenken. Adam schenkt ihm – ohne ein Wort sprechen oder große Gesten setzen zu können – Zuwendung, Frieden, Liebe.

Henri ist ungeduldig, versucht ihn beim Anziehen zur Eile zu bewegen. Halb unbewusst steckt er ihm die Beine rasch, rasch in die Hosen und die Arme in die Hemdsärmel – und Adam wehrt sich mit einem epileptischen Anfall, der ihn für Stunden erschöpft. Henri lernt Adams Sprache, er begreift, was er ihm mitteilen will: Mach langsam! Er beginnt mit Adam, der ihm nur wortlos antworten kann, zu sprechen, fängt an, ihm seine Geheimnisse anzuvertrauen. Wenn er im Büro arbeitet, mit Leuten diskutiert, sieht er plötzlich Adam vor sich, der ihn zur Ruhe ruft.

«Bald wurden die Plätze getauscht. Adam wurde *mein* Lehrer, nahm *mich* in meiner Verwirrung an der Hand [...]. Die Nähe zu ihm und zu seinem Leib brachte mich mir selbst und meinem eigenen Leib näher. Es war, als würde mich Adam auf die Erde herunterziehen, auf den Boden des Daseins, an den Ursprung des Lebens.»[164]

«Mein Ratgeber, mein Lehrer»: Henri mit Adam Arnett

Henri schließt Freundschaft mit Adam. Er begreift, dass dieser Niemand in den Augen der Welt mit der einzigartigen Berufung geboren ist, andere Menschen zu sich selbst zu bringen, ihre Lebensnarben zu heilen. Adam Arnett, der nie ein Wort spricht, wird für Nouwen zu einer sprudelnden Quelle, um seine innerste Überzeugung als Christ auszudrücken. Adam, der Schwache, Verwundbare, wird ihm zu einer starken Stütze beim Verkünden seines Glaubens.

«Adam besaß ein inneres Licht, das ausstrahlte», berichtet Nouwen. «Es war von Gott. [...] Als ein geistlicher Lehrer sollte er uns behutsam an die Orte in uns führen, an die wir lieber nicht rühren möchten, so dass jeder seine wahre Berufung erkennen und leben konnte.»[165]

Mehr noch: «Er lebte einfach und lud mich durch sein Leben dazu ein, sein einzigartiges Geschenk entgegenzunehmen, eingewickelt in Schwachheit, aber mir zur eigenen Wandlung überreicht. Während ich mich mit Gedanken darüber plagte, was ich hier eigentlich machte und wie produktiv ich sein könnte, verkündete mir Adam, dass ‹Sein wichtiger ist als Tun›. Während ich mich damit beschäftigte, was man über mich sprach oder schrieb, sagte mir Adam ruhig, dass ‹Gottes Liebe wichtiger ist als das Lob der Menschen›. Während es mir um meine persönlichen Erfolge ging, erinnerte mich Adam daran, dass ‹es wichtiger ist, etwas gemeinsam zu tun, als etwas allein zu tun›. Adam konnte nicht produktiv sein, hatte keinen Ruf, auf den er hätte stolz sein können, konnte keinen Preis und keine Auszeichnung vorweisen. Doch durch sein ganzes Leben gab er das radikalste Zeugnis, dem ich je begegnet bin, von der Wahrheit unseres Lebens.»[166]

Längst betrachtet Henri seine Aufgabe, für Adam zu sorgen, als kostbares Privileg. «Wer kann denn schon einem anderen Menschen so nahe sein, wie ich Adam nahe war? Wer kann denn schon jeden Tag mehrere Stunden für einen Menschen verwenden, der einem sein uneingeschränktes Vertrauen schenkt?»[167]

Blitzartig habe er erfahren, «dass dieses schwerbehinderte menschliche Wesen von Ewigkeit her von Gott geliebt und von ihm mit einer einzigartigen Sendung zu heilen in die Welt gesandt wurde»[168]. Adam, ein Gesandter Gottes – mit einem traditionellen theologischen Begriff gesprochen, ein Engel. Zielsicherer als alle Bücher und Theologieprofessoren habe er ihn zum Menschen Jesus geführt, von dessen Liebe er in seiner Gebrochenheit Zeugnis ablegte.

«Adam war ganz einfach – ruhig und einzigartig – da! Er war ein Mensch, der durch sein ganzes Leben das unfassbare Geheimnis unseres Gottes verkündet hat: Ich bin kostbar, ich werde geliebt, ich bin ein ganzer Mensch, ich bin gottgeboren.»[169] Es ist dieselbe Botschaft, die Jesus gebracht hat, von seiner armseligen Geburt im Viehstall draußen vor Betlehem bis zu seinem elenden Sterben am Kreuz. Und es ist die Botschaft, welche die Armen in ihrer Schwachheit und Verwundbarkeit immer wieder verkünden.

Andere Menschen, die Adam begegneten, machten ähnliche Erfahrungen. Besucher behielten ihn als einen ruhenden Pol in Erinnerung, fragten nach ihm, schrieben Postkarten mit Grüßen. Man spürte, wie er in der Gemeinschaft eine Atmosphäre der Ruhe und Güte schuf. Adams totale Abhängigkeit enthielt die Botschaft: «Ich kann nur leben, wenn ihr mich mit Liebe umgebt und ihr selbst einander liebt. Sonst ist mein Leben sinnlos, und ich bin eine Last.»[170] Und der kalten Profitgesellschaft erteilte er die provozierende Lektion: Nur im Mit-Leiden wird der Mensch glücklich, nicht in der Konkurrenz.

Eine alte Dame mit überaus großem Vermögen und Einfluss, aber voller Depressionen und Selbstzweifel kam nach Daybreak. Sie hatte ein hübsches Gesicht und ein Funkeln in den Augen, Cathy, so hieß die Dame, erläuterte den Grund ihrer Betrübnis: «Ihnen mag es komisch vorkommen, aber immer wenn ich den Gesellschaftsteil der *New York Times* durchblättere und die Namen der vielen Leute sehe, die vom Präsidenten der Vereinigten Staaten und der First Lady des Weißen Hauses zum Essen eingeladen wurden, werde ich schrecklich depressiv, weil ich nicht auf dieser Liste stehe! [...] Ich vergleiche mich immer mit anderen, und mit zunehmendem Alter merke ich mehr und mehr, dass mich die Leute vergessen.»[171]

Irgendwie kam Henri das Problem sehr vertraut vor. Schwester Sue Mosteller, die damals die Bitte «Kommen Sie nach Daybreak» an Nouwen gerichtet hatte und zum Leitungsteam gehörte, fragte: «Cathy, glauben Sie, dass Sie ein guter Mensch sind, nur weil Sie Cathy sind?» Und der alten Dame, die keine Antwort wusste, traten Tränen in die Augen. Genau wie einst Henri zweifelte sie daran, ohne ihr öffentliches Ansehen und ihren Einfluss überhaupt liebenswert zu sein.

Man lud sie zum Abendessen ein und setzte sie neben den stummen Adam. Cathy war zunächst etwas konsterniert und dann begeistert. Glücklich erzählte sie von dem Stückchen Schokolade, das sie bei einem merkwürdigen Rätselspiel gewonnen, und von dem Kuss, den sie von John – einem von Adams behinderten Freunden – bekommen hatte. «Ich habe es nicht für möglich gehalten, aber ich fühlte mich dort wirklich aufgenommen. Dabei kennen mich diese Leute doch gar nicht!»[172]

Es klingt verrückt, aber dieser einzige Abend in Daybreak genügte, damit Cathy ihre depressiven Anfälle verlor. Sie begann wieder an Gottes Güte zu glauben. Daran, dass ein Mensch Wert und Würde hat, weil er von Gott gewollt und geliebt ist, und nicht, weil er etwas leistet, etwas besitzt oder von der Welt respektiert wird.

«Du musst deine Wunden durchleben»

Doch wieder ist die Gewissheit brüchig. Ein Jahr nach seiner Ankunft in Daybreak stürzt Henri in die tiefste Krise seines Lebens, die ihn sechs Monate in ihren Klauen hält. «Alles brach zusammen», berichtete er später, «meine Selbsteinschätzung sank, meine Lebensenergie schwand, und mein Arbeitseifer erlahmte; auch das Gefühl, geliebt und gehalten zu sein, erlosch ebenso wie meine Hoffnung auf Heilung und mein Vertrauen auf Gott… alles. Da war ich nun: ein geistlicher Schriftsteller, der Beachtung findet, weil er Gott liebt und den Menschen Hoffnung gibt, niedergedrückt und in völliger Dunkelheit […], als wäre alles, was meinem Leben Bedeutung gegeben hätte, plötzlich weggewischt, vor mir nichts als ein dunkler Abgrund. Das Seltsame dabei war, dass mir dies widerfuhr, kurz nachdem ich mein wirkliches Zuhause gefunden hatte.»[173]

Eigentlich geschah nichts Neues: Henri fühlte sich wieder einmal versetzt, vergessen, ungeliebt, er verachtete sich für seine Zweifel und seine Bedürfnisse, er war ausgebrannt und sah nichts, wofür es sich zu leben lohnte. Doch so schlimm war es noch nie gewesen. Henri verlor jedes Interesse an anderen Menschen, er konnte nicht schlafen und weinte stundenlang, und nicht einmal dieses hilflose Schluchzen brachte Erleichterung. Und er fragte sich immer wieder, «ob Gott wirklich ist oder nur ein Produkt meiner Vorstellung»[174].

Wenn es einen Anlass für diesen totalen Absturz gab, dann war es das Ende oder, besser gesagt, das Abkühlen der Freundschaft mit Nathan Ball, einem schlaksigen, sehr natürlichen und warmherzigen Kanadier, der vor einigen Jahren seinen eigenen behinderten Bruder verloren hatte und jetzt in Daybreak als Leiter der Gemeinschaft lebte, während er in Toronto Theologie studierte. Nathan war erheblich introvertierter und stiller als der umtriebige Henri und hatte ihn vielleicht deshalb auf Antrieb bezaubert.

Doch Henri, wie es seine Art war, stürzte sich förmlich auf den neuen Freund, überfrachtete ihn mit Erwartungen, klammerte sich an das unerwartete Glück, erstickte ihn mit seiner Nähe. Nathan mochte ihn ausgesprochen gern – aber er musste sich zurückziehen, um seine Persönlichkeit zu retten. Henri verstand die leise Bitte um Distanz wie so oft als Ablehnung. Wenn er Nathan nicht halten konnte, wollte er auch niemanden sonst um sich haben. Todunglücklich mauerte er sich ein und bekam Angst vor sich selbst. «Es war, als hätte man die Planken, die meinen emotionalen Abgrund abgedeckt hatten, weggeräumt, und ich würde nun in eine tiefe Schlucht schauen, in der wilde Tiere nur darauf warteten, mich zu verschlingen.»[175]

Immerhin brachte er es fertig, sich einigen Mitgliedern der Gemeinschaft und dann auch einem Psychiater zu offenbaren. Alle waren sich einig: Er, der professionelle Helfer, musste sich jetzt helfen lassen. Er musste einwilligen, dass man seine eigenen Wunden verband. Henri unterzog

Freundschaft: Seelsorger in Daybreak, 1992

sich einer siebenmonatigen Therapie, in einem Haus in Winnipeg, zusammen mit vier oder fünf Leidensgenossen. Zwei Therapeuten, eine Frau und ein Mann, besuchten ihn täglich.

Wie diese Seelenkur genau aussah, darüber wissen wir wenig. Wunibald Müller erinnert sich, für Henri sei wohl am wichtigsten gewesen, dass sie ihn in den Arm nahmen, ihm körperlich und seelisch nahe waren, dass er sich bei ihnen buchstäblich ausweinen, seine Schmerzen und seine Dunkelheit offenbaren konnte.

Henris Bruder Laurent deutet dezent an, so zufriedenstellend habe die Beziehung zu den beiden Therapeuten wohl nicht funktioniert, Henri habe die Behandlung schließlich abgebrochen und sie nachher nie mehr getroffen. Auf jeden Fall hat er in diesem halben Jahr wieder eine Menge gelernt. Praktische Dinge, wie auf regelmäßige Ernährung und Bewegung zu achten. Aber auch, seinen Empfindungen zu vertrauen, sich seiner Emotionen weniger zu schämen, sich umarmen zu lassen.

Henri selbst hat den Lernprozess in seinem Tagebuch *Die innere Stimme der Liebe* festgehalten; natürlich ist die veröffentlichte Fassung geglättet, die Bilanz einer überstandenen Gefahr, weniger die Momentaufnahme finsterer Verzweiflung: «Du wolltest dein Herz anderen geben und hast es leicht und gern getan. Aber jetzt kommt es darauf an, diese vielen selbstgemachten Stützen loszulassen und darauf zu vertrauen, dass Gott für dich genug ist. Du musst aufhören, anderen gefallen zu wollen, und deine Identität als ein freies Selbst in Anspruch nehmen.»[176] – «Du horchst ständig auf jene, die dich abzulehnen scheinen. Dabei sprechen sie gar nicht über *dich,* sondern über ihre eigenen Grenzen. [...] Sie bitten einfach um dein Verständnis, dein Mit-Leid. [...] Sie sagen nur, dass du um etwas bittest, das sie nicht geben können, und dass sie etwas Abstand von dir brauchen, um emotional zu überleben.»[177] – «Wenn menschliche Freundschaften sich als nicht lebensfähig erweisen, weil du verlangst, dass deine Freunde dich in einer Weise lieben, die menschliches Vermögen überschreitet, darfst du nicht die Wirklichkeit der Liebe leugnen, die du empfangen hast.»[178] – «Die große Herausforderung liegt darin, dass du deine Wunden durch*leben* musst, statt sie zu durch*denken.* [...] In deinem Kopf kannst du sie analysieren, ihre Ursachen und Folgen erforschen und nach Begriffen suchen, um über sie zu diskutieren und zu schreiben. Aber endgültige Heilung entspringt dieser Quelle gewiss nicht. Du musst deine Wunden in dein Herz eingehen lassen. Dann kannst du sie durchleben und wirst dabei feststellen, dass sie dich nicht zerstören. Dein Herz ist größer als deine Wunden.»[179]

Henri bäumte sich gegen solche Erkenntnisse auf. Er wollte nicht verwundbar und hilfsbedürftig sein. Und auf der anderen Seite misstraute er jener freundlichen inneren Stimme, die ihm sagte: «Du bist mein geliebtes Kind, an dir habe ich Wohlgefallen.» Was hatte er denn an sich, das man lieben konnte? Seine Therapeuten ermutigten ihn geduldig, die Stimme stärker werden zu lassen. Und er begann, sich auf die Rückkehr nach Daybreak zu freuen. Ihm war klar geworden, wie ihn die Abhängigkeit von Nathan gehindert hatte, die Gemeinschaft zu seinem Lebensmittelpunkt zu machen. «Unbewusst habe ich mir gesagt: ‹Ich habe schon ein Zuhause. Ich brauche eigentlich kein anderes mehr.›»[180]

Zurück in dem wiederentdeckten Zuhause, bewegte er sich «sozusagen auf Zehenspitzen, immer in Furcht, in die alten emotionalen Fallen zu tappen»[181]. Allmählich spürte er, dass er nicht mehr derselbe war, dass er nicht mehr jede momentane Abweisung mit einem Gefühl tiefen Verlassenseins beantwortete. Er nahm sich die Freiheit, «auf die kleinen Wolken zu deuten und um Hilfe zu bitten, sie zu vertreiben»[182].

Was er nicht zu hoffen gewagt hatte, geschah: Nathan bot ihm erneut seine Freundschaft an – und wurde dadurch belohnt, dass Henri seine Ansprüche zurückschraubte. Beziehungskrisen, auch mit anderen, gab es noch öfter, auch Phasen des Ausgebranntseins. «Ich komme mit den Leuten ins Gespräch, aber ich habe das Gefühl, dass keine rechte Verbindung entsteht. Ich tue viel, aber es passiert nicht viel.»[183] Doch Henri war viel lockerer, gelassener geworden.

Obwohl er oft genug in die alte Hektik zurückfiel. Neun Jahre nach seiner Ankunft in Daybreak sandte ihn seine Gemeinschaft in ein «Sabbatjahr» – mit der dringenden Empfehlung, jede Art von Arbeit, ausgenommen die schriftstellerische, zu meiden wie die Pest. Kannten sie Nouwen denn so schlecht? Er nutzte sein Erholungsjahr, um rastlos durch die USA und Europa zu reisen, Vorträge zu halten, Briefpartner zu besuchen, «Arche»-Gemeinschaften in Lateinamerika und der Ukraine kennen zu lernen, mit Gruppen und Arbeitskreisen Gottesdienste zu feiern – und natürlich die vielen Eindrücke und Erfahrungen schriftlich festzuhalten: Fünf Buchprojekte hat er in dieser Zeit vollendet. Und selbstverständlich fühlte er sich dauernd müde, physisch und psychisch ausgebrannt, und nicht selten auch depressiv.

Und Adam? Andere hatten Henris Betreuerrolle übernommen. Man bat Nouwen, stattdessen seinen Dienst als Seelsorger in Daybreak zu intensivieren. Zu Adam fand er ein neues, weniger exklusives Verhältnis. «Jetzt, nachdem ich die innere Stimme der Liebe entdeckt hatte und ihr vertrauen konnte, brauchte ich das ständige Bei-ihm-Sein nicht mehr. Jetzt konnten wir Freunde sein, Mitglieder derselben Gemeinschaft, zwei Männer auf der gemeinsamen Reise zu Gott. Unser beider Armut hatte sich berührt, unsere Beziehung hatte einen festen Grund.»[184]

«Lässt sich die ‹wilde Person› in uns zähmen?»

Sein Lehrer blieb Adam dennoch, bis ans Lebensende. Er half Henri Nouwen, eine vertiefte Spiritualität zu entwickeln. Er half ihm, den stummen Schrei der Armen zu hören, die eigene Verlassenheit wahrzunehmen, aber auch das Leid der Flüchtlinge, der Palästinenser, der Schwarzen – und in den Armen die Gegenwart Christi zu erkennen, der selbst am Kreuz seine Gottverlassenheit hinausgeschrieen hat.

Und Adam, diese scheinbar nutzlose Randexistenz, führte ihn zu einer sehr konkreten Theologie des Körpers: «Die Arche [...] ruht nicht auf einem Fundament aus Worten, sondern auf dem des Leibes. [...] Füttern, Saubermachen, Anfassen, Halten – das ist es, was die Gemeinschaft aufbaut. Worte sind zweitrangig. Die meisten geistig Behinderten haben nur einen kleinen Wortschatz zur Verfügung, und viele können überhaupt nicht sprechen. Da zählt vor allem die Körpersprache. ‹Das Wort ist Fleisch geworden.› Das ist der Kern der christlichen Heilsbotschaft.»[185]

Nouwen scheute sich nicht, im verwundbaren Adam den Mensch gewordenen Gott zu entdecken: Was von Jesus gesagt worden sei – «Alle, die ihn berührten, wurden geheilt» (Markus 6,56) –, dürfe man auch von Adam Arnett sagen. «Jeder von uns, der Adam berührte, wurde an irgendeiner Stelle geheilt; es war unsere gemeinsame Erfahrung.»[186]

Und Nouwen begriff, welche aufregenden Konsequenzen diese christliche Überzeugung von der Fleischwerdung Gottes eigentlich haben müsste. Er lernte einen neuen Respekt vor dem menschlichen Körper. «Leib», das sei nicht nur ein Bild und eine Metapher. «Ich weiß, dass ich noch entdecken muss, was es heißt, ein Leib zu sein, Fleisch geworden zu sein. Ich muss noch lernen, mich in mir selbst zu Hause zu fühlen [...].»[187] Ich *habe* nicht nur einen Leib, ich *bin* Leib. Gott ist Mensch geworden, das heißt, er ist leiblich zu uns gekommen, hat leiblich gelitten, ist leiblich auferstanden.

In der Osternacht beobachtete er, wie sein Freund Nathan den schlimm verkrüppelten Philippe aus der Kirche trug, weil er sich nicht wohl fühlte und laut klagte. Was bedeutet das, dass Gott Philippes armen, verkrüppelten Leib eines Tages zu einem neuen Leben erwecken wird, diesen seinen Leib, den dann aber keine Krankheit und kein Schmerz mehr bedrohen können? Philippes Leib wird «jubelnd auf die Qual hinweisen, die er ausgestanden, und auf die Liebe, die er erfahren hat. [...] Welch ein Glaube! Welch eine Hoffnung! Welch eine Liebe! Der Leib ist kein Kerker, dem man entrinnen müsste, sondern ein Tempel, in dem Gott schon wohnt und in dem Gottes Herrlichkeit am Tag der Auferstehung ganz offenbar werden wird.»[188]

Für die unter Christen und vor allem in der Priesterausbildung immer noch propagierte «übertriebene Vergeistigung» rächt sich der Körper laut Nouwen mit «plumper Fleischlichkeit» und dem Schrei nach Intimität.[189] Solche versteckten und verdrängten Sehnsüchte spalten sich mit der Zeit vom übrigen Leben ab und werden zu einer gefährlichen Macht.

Was Nouwen buchstäblich am eigenen Leib erfahren musste. Er fühlte sich ja schon für seine emotionalen Bedürfnisse schuldig, für sein stürmisches Verlangen nach Aufmerksamkeit, Zuneigung, Liebe! Wie viel mehr für seine sexuellen Wünsche, die man in der katholischen Erziehung, wie sie in seiner Kindheit üblich war, als Verlockungen des Teufels und Bedrohungen der Beziehung zu Gott gebrandmarkt hatte.

Jetzt endlich fühlte er sich frei, über seine homophilen Neigungen zu sprechen, die er bisher voller Angst um seinen Ruf verschwiegen, zeitweise wohl auch verdrängt hatte. Es war ein furchtbares Dilemma: Henris größte Sehnsucht war es immer gewesen, mit allen Seiten seiner Persönlichkeit angenommen und geliebt zu werden. Schon als kleiner Junge nervte er seine Geschwister mit der dauernden Frage: «Hast du mich lieb?» Und ausgerechnet über seine erotischen Prägungen durfte er nicht reden. Ständig die Angst: Würde man mich noch schätzen, einladen, veröffentlichen, vor allem, würde man mich noch lieben, wüsste man von meinen heimlichen Träumen?

Auch damals, in den sechziger, siebziger Jahren des 20. Jahrhunderts, war es ein offenes Geheimnis, dass in den kirchlichen Seminarien, in Klöstern und Pfarrhäusern Homosexualität überdurchschnittlich stark verbreitet war – wie in jeder Männergemeinschaft. Heute gehen seriöse Untersuchungen davon aus, dass in den USA bis zu 50 Prozent, in Deutschland mindestens 20 Prozent der Priester homosexuell sind.[190] Man weiß inzwischen, dass die Prägung angeboren ist, dass man nicht zur Homosexualität «verführt» werden und dass man davon auch nicht «geheilt» werden kann wie von einer Krankheit. Doch als Nouwen geweiht wurde und seine ersten Dozentenstellen übernahm, galt man mit dieser Veranlagung als seelischer Krüppel, war ein Coming-out unmöglich.

Schon Anfang der siebziger Jahre hatte Heni Nouwen in einem sehr sensiblen Artikel *The Self-availability of the Homosexual* die Ansicht vertreten, wer homoerotische Gefühle habe und so tue, als habe er sie nicht, sei wie jemand, der vorgebe, kein Herz zu besitzen. Christliche Moral verlange nicht, Gefühle zu verleugnen, sondern verantwortungsbewusst mit ihnen umzugehen – und Gefühle an sich seien nie gut oder schlecht, moralisch oder unmoralisch.

Freimütig erzählte Nouwen später von seinen Freundschaften mit Homosexuellen, griff er die kirchliche Ausgrenzung von Schwulen und Aids-Kranken an. Wie viel Großherzigkeit, Fürsorge und Treue war unter ihnen zu finden! In San Francisco hatte er John kennen gelernt, einen ungewöhnlich spirituellen Menschen, der viel Zeit und Kraft für Menschen in Not aufbrachte, offen über den Snobismus und die Anbetung des Geldes in der großstädtischen Schwulenszene sprach und nun an Aids erkrankt war.

«Wie ein wildes Tier, das man in einen Käfig gesperrt hat, konnte er keine Ruhe finden, und sein ganzer Leib wand sich vor Schmerzen»[191], berichtet Henri. Er betete mit ihm, sprach lange mit Johns Mutter und seinem Partner Mike und ermunterte den Todkranken: «Versuche, für sie so lange zu leben, wie Gott es will.» Und war voller Bewunderung für Mikes treues Aushalten am Krankenbett, dankbar für die Erfahrung, «wie abgrundtief das Geheimnis menschlichen Leids und menschlicher Liebe ist»[192].

Nouwen gab der mörderischen Seuche eine hintergründige Deutung – als Indiz der Gebrochenheit menschlichen Lebens: Liebe und Tod klammerten sich in einer «gewalttätigen Umarmung» aneinander. «Junge Menschen, die verzweifelt nach Intimität und Kommunion suchen, setzen dafür ihr Leben aufs Spiel. Es scheint geradezu wie ein verzweifelter Schrei durch die weiten, leeren Räume unserer Gesellschaft zu gellen: Lieber sterben als ständig in Einsamkeit zu leben!»[193]

Dort im *Castro District*, dem Schwulenviertel von San Francisco, habe das Wort *gay*, «vergnügt», mittlerweile einen makabren Beigeschmack. Immense Angst, Zorn, Fatalismus, das Gefühl des Ausgestoßenseins hinter der glitzernden Fassade der Discos und Nobelboutiquen. Aber auch eine Wiederentdeckung Gottes im Angesicht des Todes. Aids habe nicht nur Angst freigesetzt, sondern auch Großherzigkeit und Fürsorglichkeit, Mut und Treue. Mehr denn je müsse die Kirche in dieser Situation die bedingungslose Liebe Gottes sichtbar machen, «nicht indem sie richtet, verurteilt oder ausgrenzt, sondern indem sie allen dient, die in Not sind»[194].

Bereits in den siebziger Jahren hatte Nouwen selbst eindeutig Position bezogen: «Zu behaupten, dass homosexuelle Gefühle weniger menschlich, weniger wirklich oder weniger authentisch seien als heterosexuelle Gefühle, erscheint mir äußerst anmaßend, ja sogar sehr gefährlich.» Mehr noch: Wenn ein Mann eine starke erotische Liebe für einen anderen Mann empfinde, «dann erfährt er ein wirkliches tiefes menschliches Gefühl, das ihm sehr viel über sich selbst sagt». Spreche und handle er aber so, als existiere dieses Gefühl nicht, dann verstümmle er sein emotionales Leben und riskiere eine seelische Lähmung.[195]

Dass Henri damit sein eigenes Dilemma und seine eigenen Ängste schilderte, ahnte freilich niemand. Michael Ford war der erste, der 1999 in seiner Biographie *Wounded Prophet. A Portrait of Henri J. M. Nouwen* das Geheimnis lüftete. Für Nouwens Freund und Lektor Franz Johna hat Henri nicht nur aus Angst geschwiegen hat, sondern auch aus Diskretion. Über den Umgang mit Homosexuellen habe er durchaus offen gesprochen, doch die Reduzierung von Homoerotik auf Sexualpraktiken und schrilles Auftreten habe ihm missfallen.

Johna und Henris jüngerer Bruder Laurent sind sich einig, dass Henri Nouwen seinen priesterlichen Zölibat konsequent gelebt hat. «Ein Doppelleben hat er nicht geführt», stellt Laurent fest. «Die Sehnsucht nach Intimität war sicher da, aber Henri wollte ehrlich leben, kein unechtes Spiel, kein Hintenherum. Und vor allem wollte er Priester sein, das hatte Priorität.»

Aber immer mutiger stellte er sich in seinen letzten Lebensjahren den eigenen abgründigen Empfindungen. Nach einer Aufführung von Bizets *Carmen* an der New Yorker Metropolitan Opera schrieb er fasziniert in sein Tagebuch, diese zugleich selbstbewusste und schicksalsergebene Zigeunerin sei ein Abbild der Menschen, «die aus den Zwängen der Normalität ausbrechen möchten, aber zögern, den Preis dafür zu bezahlen. Lässt sich die Spannung in einem ganzheitlichen Leben auflösen? Lässt sich die ‹wilde Person› in uns zähmen, ohne dies mit dem Verlust unserer Vitalität und Kreativität zu bezahlen? [...] Ich weiß nicht, was passieren würde, wenn eine Carmen in mein Leben einbrechen und mir den Boden unter den Füßen entziehen würde.»[196]

Zwei Todesfälle und ein Meer von Sonnenblumen

Was Henris Leben aber durcheinander wirbelte, war der Tod seines Freundes Adam. Adam Arnett, «mein Ratgeber, mein Lehrer, [...] mein guter Freund, der verwundbarste Mensch, der mir je begegnet ist, und zugleich der stärkste»[197], starb vierunddreißigjährig am 13. Februar 1996. Seine Lebenskräfte waren einfach erschöpft, die Ärzte hatten eine Herzerweiterung festgestellt.

Am bewegendsten fand Henri, wie die behinderte Rosie von Adam Abschied nahm. Sie konnte ebenso wie Adam nicht sprechen, hatte erst mit 25 Jahren ein wenig gehen gelernt. Bis dahin vegetierte sie in einem Gitterbett in einem Pflegeheim dahin. Rosie lebte in ihrer eigenen Welt, fand keinen richtigen Kontakt zu anderen, schrie oft ohne ersichtlichen Grund herum. Als Adam im Sterben lag, baute sich Rosie in ihrem Rollstuhl vor dem Krankenhauseingang auf, bis man sie zu Adam brachte, wo schon viele seiner Freunde versammelt waren. «Still schaute sie ihm in die Augen. Es schien, als schaute er zurück. Sie streckte die Hand aus und ergriff die seine. Noch nie hatte sie jemand diese Geste machen gesehen. Fast zwei Minuten lang hielt sie seine Hand und blickte ihn dabei an. Dann legte sie seine Hand wieder behutsam aufs Bett und lehnte sich in ihren Rollstuhl zurück, um wieder zu gehen. Rosie und Adam hatten einander Lebewohl gesagt.»[198]

Adams Bruder Michael, Epileptiker wie er und ebenfalls Mitglied der «Arche»-Gemeinschaft, war dabei, als Henri Adam die Krankensalbung gab für den Übergang in sein ewiges Zuhause. «Mein, mein, mein Bruder... geht... in den Himmel», stammelte Michael unter Tränen. «Father, mein Herz tut weh.» Henri nahm ihn in die Arme, und beide weinten.

Als Adam tot war, saßen sie alle um sein Bett, hielten sich an den Händen, berührten Adams Leib und dankten Gott «für alles, was er uns in seiner großen körperlichen Schwachheit und unfassbaren geistlichen Stärke gegeben hat. Ich konnte die Augen von ihm nicht abwenden und dachte mir: Hier liegt der Mensch, der mich wie kein anderer mit Gott und mit der Daybreak-Gemeinschaft verbunden hat. [...] Während ich Adam betrachtete, sah ich, wie schön er war. [...] Sein makelloser Geist war nicht mehr in einen Leib gesperrt, der diesem Geist nicht Ausdruck geben konnte. Ich fragte mich, worin der tiefste Sinn dieser vierunddreißigjährigen Gefangenschaft liegen mag. Doch das wird erst nach und nach offenbar werden. Jetzt können wir nur vertrauen und ausruhen.»[199]

Später in der Leichenhalle bildeten Angehörige, «Arche»-Bewohner und Freunde einen Kreis um den Sarg, beteten und erzählten sich – mal mit einem Lächeln, mal unter Tränen – Begebenheiten aus Adams Leben. «Trauer und Freude tanzten miteinander um Adams toten Leib. Trauer und Lachen, das Gefühl eines unwiederbringlichen Verlusts und das Gefühl eines großen Gewinns.»[200] Und Henri begann die Realität der Auferstehung zu begreifen, von Adam Arnetts neuem Leben, das «nicht etwas ist, worauf wir warten müssen, sondern etwas, das inmitten unserer Trauer schon geschieht»[201].

Als Henri Nouwen sieben Monate später seinem Freund in das Licht Gottes folgte, am 21. September 1996, vierundsechzigjährig, war es wie eine Neuauflage dieses Abschieds. Auch Henri war am Ende sehr müde und erschöpft, auch bei ihm verweigerte das Herz seinen Dienst. Auf der Reise von Toronto zu Fernsehaufnahmen nach St. Petersburg erlitt er im niederländischen Hilversum einen Herzanfall, am 16. September. Er erholte sich schnell, konnte schon wieder aufstehen, doch fünf Tage später folgte völlig unerwartet ein zweiter schwerer Infarkt. Henri starb am frühen Morgen, ganz allein, wovor er sich immer gefürchtet hatte.

Oder doch nicht allein? Er wusste ja, dass er keine Angst haben musste, «dass das Sterben die größte Tat der Liebe ist, die Tat, die mich in alle Ewigkeit in die Arme meines Gottes fallen lässt, dessen Liebe für immer fortdauert»[202].

Auch beim Requiem für Henri Nouwen in der Kathedrale von Utrecht wechselten Trauer und Freude miteinander ab; sein Sarg war von einem Meer leuchtender Sonnenblumen eingerahmt, als hätte es van Gogh arrangiert. Auf dem *Sacred-Heart*-Friedhof bei Toronto liegt er begraben, unter einem schlichten Holzkreuz.

Im Frieden: Henri Nouwens Grabkreuz auf dem Sacred-Heart-Friedhof bei Toronto (Kanada)

Epilog

Vertrau dem Fänger

Über den Zirkus hatte Henri Nouwen noch ein Buch schreiben wollen, besser gesagt, über die Akrobaten am Trapez, die ihn derart faszinierten, dass er eine Zeit lang im Wohnwagen mit so einem Zirkus mitzog, bei einer Fernsehdokumentation mit dem Titel *Engel über dem Netz* mitmachte, ja, dass er sich schließlich selbst ans Trapez wagte, zehn Wochen vor seinem Tod, Henri, der Unsportliche mit den zwei linken Händen!

Man half ihm ins Netz und zeigte ihm dann, «wie ich die lange Leiter zum Podest, das ich in beängstigender Höhe über mir sah, hinaufklettern muss. Kerri und Slava zogen mich auf das Podest, legten mir den Sicherheitsgurt um, hielten mich fest und reichten mir die Schaukelstange. Beim Blick in die Tiefe, nach oben, nach links und nach rechts stockte mir der Atem. Ich hielt die Stange mit beiden Händen, zweifelte aber, ob ich mein ganzes Gewicht daran werde halten können. Aber Kerri und Slava gaben mir einen Stoß, und schon schwang ich über dem Netz ein paar Mal hin und her. Ich versuchte, mit den Beinen etwas mehr Schwung zu bekommen, weil ich höher hinauf wollte. Aber dazu fehlte mir ganz einfach der Atem, so dass Rodleigh mir zurief, mich ins Netz fallen zu lassen.»

Und dann: «Ich kletterte die Leiter hoch zu Jonathan, dem Fänger, der kopfüber am Gestänge hing, mich an den Handgelenken packte und eine Weile in der Luft hielt. Ich blickte nach oben in sein nach unten gewandtes Gesicht und konnte mir vorstellen, wie es ist, an seinen Armen zu hängen und durch die Luft zu schwingen.»[203]

Die Truppe stammte aus Südafrika und nannte sich *The Flying Rodleighs.* Ihre Vorführungen berührten etwas tief in Henri und waren wie die Verwirklichung seiner kühnsten Sehnsüchte. Diese Trapezkünstler machten für ihn unüberbietbar klar, was Leben heißt: Fallen und Aufstehen. Den Sprung riskieren und aufgefangen werden. Vertrauen. Sich aufeinander verlassen können.

Beide Fotos: © Ron van den Bosch

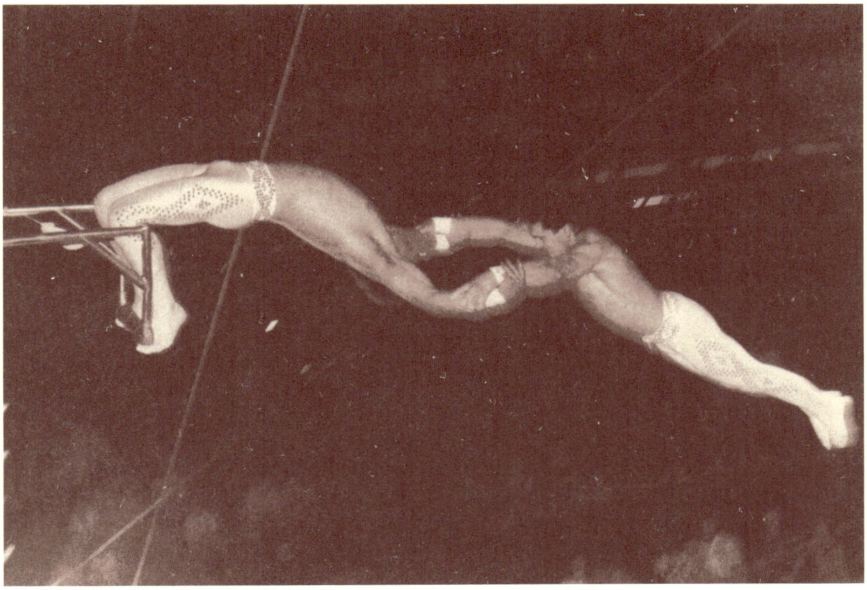

Die Flying Rodleighs: Rodleigh und Joe Stevens am Trapez

Henri am Trapez: «Vertrau dem Fänger»

«Wenn du ein Star sein willst, bist du verloren», hatte man ihm erklärt. «Ohne Demut schaffst du es nicht im Zirkus.»[204] Der Chef der *Flying Rodleighs* erläuterte ihm beim Gespräch im Wohnwagen, worauf es bei ihren gefährlichen Auftritten ankomme:

«‹Nun›, sagte Rodleigh, ‹das Geheimnis besteht darin, dass der Flieger nichts tut und der Fänger alles. Wenn ich auf Joe zufliege, muss ich bloß meine Arme und Hände ausstrecken und darauf warten, dass er mich packt und sicher auf die Rampe zurücksetzt.›

‹Und Sie tun dabei nichts?›, erwiderte ich ziemlich überrascht. ‹Nein, gar nichts›, wiederholte Rodleigh. ‹Das Schlimmste, was der Flieger tun kann, ist, nach dem Fänger greifen zu wollen. Aber ich soll ja nicht Joe auffangen, sondern er mich. […] Ein Flieger soll nichts als fliegen, ein Fänger nichts als auffangen; und der Flieger muss mit ausgestreckten Armen völlig darauf vertrauen, dass sein Fänger im richtigen Augenblick nach ihm greift!›

Als mir Rodleigh das mit so großer Überzeugung sagte, kam mir der Ausspruch Jesu in den Sinn: ‹Vater, in deine Hände lege ich meinen Geist› (Lukasevangelium 23,46). Sterben heißt, völlig auf den Fänger vertrauen! Und wenn man sich eines Sterbenden annimmt, sagt man zu ihm: ‹Hab keine Angst. Denk daran, du bist Gottes geliebtes Kind. Er wird zur Stelle sein, wenn du den großen Sprung machst. Versuch nicht, nach ihm zu greifen, denn er greift nach dir. Streck einfach die Hände weit aus und vertrau, vertrau, vertrau!›»[205]

Zeittafel

1932	24. Januar: Geboren in Nijkerk (Niederlande)
1950	Abitur am Aloysius-Gymnasium Den Haag
1951–1957	Priesterseminarist in Rijsenburg
1957	21. Juli: Priesterweihe
1957–1964	Psychologiestudium in Nijmegen
1964–1966	Studium «Religion und Psychiatrie» am Menninger-Institut in Topeka (Kansas)
1965	7. März: Teilnahme an Martin Luther Kings Protestmarsch für die Bürgerrechte der Schwarzen von Selma nach Montgomery (Alabama)
1966–1968	Dozent an der Notre Dame University (Indiana)
1969–1971	Dozent am Gemeenschappelijk Pastoraal Instituut Amsterdam und an der Katholisch-Theologischen Universität Utrecht
1971–1972	Theologiestudium in Nijmegen
1971–1981	Dozent, später Professor an der Yale Divinity School (New Haven/ Connecticut)
1974	Gastmönch im Trappistenkloster Genesee Abbey (New York)
1981–1982	Aufenthalte in Bolivien und Peru
1983–1985	Professor an der Harvard Divinity School (Cambridge/ Massachusetts)
1983	In Mexiko, Nicaragua, Honduras
1984	In Guatemala. Erster Aufenthalt in der «Arche»-Gemeinschaft Trosly bei Paris
1985	Nouwen gibt seine Lehrtätigkeit auf und zieht nach Trosly
1986–1996	Seelsorger der «Arche»-Gemeinschaft Daybreak (Kanada)
1996	21. September: Tod bei einem Zwischenaufenthalt in Hilversum (Niederlande) auf einer Reise zu Rembrandts Gemälde *Die Heimkehr des Verlorenen Sohnes* in der Eremitage in St. Petersburg (Russland)

Anmerkungen

1 STILLE 12
2 STILLE 261.
3 NIMM SEIN BILD 16
4 ADAM 54 f
5 NIMM SEIN BILD 59
6 SCHÖPFERISCHE SEELSORGE 20
7 STERBEN 87 f
8 NACHTS 135
9 STERBEN 15
10 KELCH 10
11 NÄHE 60 f
12 Ebd. 18
13 Ebd. 61
14 Ebd. 19
15 NACHTS 147 f
16 Zit. nach JONAS 23
17 NACH HAUSE 23 f
18 Ebd. 25
19 SCHÖPFERISCHE SEELSORGE 20
20 In einer Predigt vor Theologiestudenten 1972, zit. bei JONAS 28
21 Rolf Zerfaß im Vorwort zur deutschen Ausgabe von *Creative Ministry*. Ebd. 5 ff
22 IN IHM 90 f
23 WUNDEN 131
24 NÄHE 124
25 Ebd. 135 f
26 WUNDEN 99
27 Ebd. 60 f
28 SEELSORGE 31 ff
29 Ebd. 44
30 SCHÖPFERISCHE SEELSORGE 71
31 SEELSORGE 21
32 Ebd. 44
33 Vgl. JONAS 40
34 NÄHE 24
35 SEELSORGE 48
36 WUNDEN 107
37 Ebd. 135
38 Ebd.
39 Ebd. 136
40 Ebd. 69
41 STILLE 12
42 MÜLLER 145
43 Vgl. TAGEBUCH 42 f
44 GEBETE 48
45 Ebd. 48 f
46 WEG 11 f
47 STILLE 38
48 Ebd. 13
49 Ebd. 13
50 Ebd. 25
51 Ebd. 43
52 Ebd. 46
53 Ebd. 32 f; 34 f
54 Ebd. 168
55 Ebd. 41
56 Ebd. 92
57 Ebd. 51
58 Ebd. 54
59 Ebd. 261
60 IN IHM 80
61 FEUER 19 f
62 IN IHM 76
63 Ebd. 93
64 CLOWN 22
65 Ebd. 23
66 IN IHM 48
67 FEUER 28
68 Ebd. 42
69 Ebd. 55

70 Ebd. 60
71 Zit. ebd. 63
72 WEG 39
73 FEUER 80
74 CLOWN 119
75 Ebd. 53
76 Ebd. 58
77 Ebd. 61
78 Ebd. 64
79 Ebd. 62
80 LICHT 43
81 GEBETE 64
82 Vgl. JONAS 37 f
83 NACHTS 267
84 NÄHE 32
85 Vgl. GELIEBTER MENSCH 9 ff
86 Ebd. 31
87 JESUS 18
88 Ebd. 52
89 Ebd. 83
90 Ebd. 85
91 LIEBE 62 f
92 LICHT 21
93 GELIEBTER MENSCH 119
94 Wesentliche Abschnitte aus *Sterben, um zu leben,* sind auf Deutsch neu herausgegeben in: Henri Nouwen, *In einem anderen Licht. Von der Kunst des Lebens und Sterbens.* Hg. von Andrea Schwarz, Freiburg im Breisgau 2006.
95 STERBEN 17 f
96 Ebd. 24
97 Ebd. 26
98 Ebd. 33 ff
99 Ebd. 51 ff
100 TAGEBUCH 12
101 STERBEN 77
102 Ebd. 111 f
103 VOLLENDUNG 121
104 Ebd. 34
105 LICHT 30 f
106 Ebd. 31 f
107 Ebd. 32
108 Ebd. 34 f
109 Ebd. 43
110 WOHIN 81
111 SPIEGEL 61
112 CLOWN 17
113 WEG 44 f
114 WOHIN 51
115 Ebd. 26
116 Ebd. 114
117 KREUZWEG 38
118 WOHIN 18
119 Ebd. 201
120 Ebd. 253 f
121 Ebd. 254
122 Ebd. 201 f
123 Ebd. 81
124 Ebd. 48
125 HAUS 72
126 WOHIN 204
127 BEUMER 63
128 SCHÖPFERISCHE SEELSORGE 119
129 JONAS 44
130 Zit. bei BEUMER 159
131 Zit. ebd. 65
132 Zit. bei MÜLLER 108
133 NIMM SEIN BILD 16 f
134 SEELSORGE 14
135 GELIEBTER MENSCH 127
136 LEBEN 132
137 NACHTS 22
138 HAUS 25
139 NACHTS 12

140 Ebd.
141 Ebd. 10 f
142 Ebd. 20
143 Ebd. 99
144 Ebd. 100
145 HÖRE 68
146 NACHTS 261
147 Ebd. 28
148 Ebd. 49
149 Ebd. 263 f
150 ADAM 83 f
151 SEELSORGE 75
152 KELCH 80
153 HAUS 93
154 Ebd. 9 f
155 KELCH 49
156 NACHTS 255
157 NACH HAUSE 35
158 Ebd. 27
159 HAUS 12
160 MÜLLER 107
161 Ebd. 108
162 NACHTS 71
163 ADAM 42
164 Ebd. 50
165 Ebd. 30 f
166 Ebd. 58 f
167 KELCH 43
168 ADAM 13
169 Ebd. 37
170 Ebd. 96
171 Ebd. 77
172 Ebd. 81
173 LIEBE 11
174 Ebd. 124
175 ADAM 84 f
176 LIEBE 21
177 Ebd. 28
178 Ebd. 41
179 Ebd. 114
180 NACHTS 265
181 LIEBE 123
182 Ebd. 124
183 NACHTS 252
184 ADAM 87
185 NACHTS 186
186 ADAM 140
187 Vortrag auf einem Kongress über Aids, zit. bei BEUMER 83
188 NACHTS 199
189 SEELSORGE 48
190 Vgl. Hanspeter Oschwald: *Der deutsche Papst. Wohin führt Benedikt XVI. die Kirche?* München 2005, 184 f
191 NACHTS 67
192 Ebd. 69
193 GELIEBTER MENSCH 78
194 NACHTS 240
195 Zit. bei MÜLLER 30 f
196 TAGEBUCH 70 f
197 ADAM 109
198 Ebd. 104
199 TAGEBUCH 169 f
200 ADAM 118
201 Ebd. 133
202 GELIEBTER MENSCH 119
203 TAGEBUCH 306 f
204 *Circus Diary*, Fragment, 1993 in der «New Oxford Review» veröffentlicht. Zit. bei MÜLLER 75 f
205 SUCHE 132 f

Zitierte Literatur

mit den in den Anmerkungen verwendeten Sigeln

Bücher von Henri J. M. Nouwen:
Die zitierten Schriften Henri Nouwens sind erschienen im Verlag Herder, Freiburg im Breisgau.

ADAM: Adam und ich. Eine ungewöhnliche Freundschaft, 1998

CLOWN: Gottes Clown sein. Vom Beten und Dienen, ^{4}1989

FEUER: Feuer, das von innen brennt. Stille und Gebet, 1981

GEBETE: Gebete aus der Stille. Mit einer Einführung von Anselm Grün, 2005

GELIEBTER MENSCH: Du bist der geliebte Mensch. Religiös leben in einer säkularisierten Welt, 1993

HAUS: Im Haus des Lebens. Von der Angst zur Liebe, 1986

HÖRE: Höre auf die Stimme, die Liebe ist. Geistliche Deutung der Geschichte von Jesus. Mit Illustrationen von Rembrandt. Hg. von Michael O´Laughlin, 2003

IN IHM: In ihm das Leben finden. Einübungen, ^{7}1993

JESUS: Jesus, Sinn meines Lebens. Briefe an Marc, 1988

KELCH: Der Kelch unseres Lebens. Ganzheitlich Mensch sein, ^{3}2000

KREUZWEG: Er trägt unsere Last. Meditationen zum Kreuzweg und Leiden Jesu, 1991

LEBEN: Leben hier und jetzt. Jahreslesebuch, 2000/2005.

LICHT: In einem anderen Licht. Von der Kunst des Lebens und Sterbens. Hg. von Andrea Schwarz, 2006

LIEBE: Die innere Stimme der Liebe. Aus der Tiefe der Angst zu neuem Vertrauen, ^{10}2004

NACH HAUSE: Nach Hause finden. Wege zu einem erfüllteren Leben, 2004

NACHTS: Nachts bricht der Tag an. Tagebuch eines geistlichen Lebens, 1989

NÄHE. Sehnsucht nach lebendiger Beziehung, 1992

NIMM SEIN BILD: Nimm sein Bild in dein Herz. Geistliche Deutung eines Gemäldes von Rembrandt, ^{12}2002

SCHÖPFERISCHE SEELSORGE, 1989

SEELSORGE: Seelsorge, die aus dem Herzen kommt. Christliche Menschenführung in der Zukunft, ^{2}1989

SPIEGEL: Der Spiegel des Jenseits. Gedanken um Tod und Leben, 1990

STERBEN: Sterben, um zu leben. Abschied von meiner Mutter, 1995 (Neuausgabe)

STILLE: Ich hörte auf die Stille. Sieben Monate im Trappistenkloster, 2001 (Neuausgabe)

SUCHE: Auf der Suche nach dem Leben. Ausgewählte Texte. Hg. von Robert A. Jonas, 2001

TAGEBUCH: Das letzte Tagebuch, 2000

VOLLENDUNG: Die Gabe der Vollendung. Mit dem Sterben leben, [3]1998
WEG: Der Dreifache Weg, [4]1989
WOHIN: Wohin willst du mich führen. Notizen aus Lateinamerika, 1983
WUNDEN: Geheilt durch seine Wunden. Wege zu einer menschlichen Seelsorge, 1987

Literatur über Nouwen:
BEUMER: Jurjen Beumer: Henri Nouwen. Sein Leben – sein Glaube, Freiburg im Breisgau 1998
JONAS: Robert A. Jonas: Einführung. Das Feuer des Geliebten, in: Henri J. M. Nouwen: Auf der Suche nach dem Leben. Ausgewählte Texte, Freiburg im Breisgau 2001, 9–72
MÜLLER: Wunibald Müller: Henri Nouwen. Springen – das Wagnis von Nähe, Münsterschwarzach 2002

Bildquellenverzeichnis

Autor und Verlag danken Laurent Nouwen und Maureen Wright (*Estate of Henri Nouwen*, Richmond Hill, Kanada) für die große Hilfe bei der Zusammenstellung des fotografischen Materials und Gabrielle Earnshaw von *The Henri J.M. Nouwen Archives and Research Collection* (Toronto, Kanada), den aufgeführten Fotografen und der Familie Nouwen für die Abdruckgenehmigung der Bilder. Ein besonderer Dank geht auch an Doris Goodnough (Verlag *Orbis*, New York, USA) und Sonja Stock (Verlag *Lannoo*, Tielt, NL) für die freundliche Unterstützung bei der Recherche.

Nicht in allen Fällen konnte der Urheber einer Fotografie geklärt werden. In diesem Fall dankt der Verlag für Hinweise und wird zu Recht bestehende Honoraransprüche selbstverständlich abgelten.

Umschlagmotiv:
Henri Nouwen in Jenner (Kalifornien), Frühling 1996
© Kevin Dwywer

S. 13: Henri Nouwen, 1957
Familienalbum der Familie Nouwen

S. 14: Henri Nouwen im Alter von acht Jahren
Familienalbum der Familie Nouwen

S. 15: Laurent und Maria Nouwen mit den Söhnen Paul und Henri, 1944
Familienalbum der Familie Nouwen

S. 16: Maria Nouwen mit Söhnen Paul und Henri, 1944
Familienalbum der Familie Nouwen

S. 17: Familie Nouwen mit Reny und Franz Johna
Familienalbum der Familie Johna

S. 18: Henri als Knabe
Familienalbum der Familie Nouwen

S. 19: Priesterweihe 1957
Familienalbum der Familie Nouwen

S. 20: Henri Nouwen mit Bernard Jan Kardinal Alfrink, 1965
Familienalbum der Familie Nouwen

S. 22: Bei der Eröffnung des Zweiten Vatikanischen Konzils, 1962
Familienalbum der Familie Nouwen

S. 25: Henri Nouwen in Yale
Quelle: Henri Nouwen, *Thuis,* Lannoo NL-Tielt 2003, S. 10

S. 31: New York, 1962
Familienalbum der Familie Nouwen

S. 35: Genesee Abbey, 1974
© Br. Anthony Weber, Genesee Abbey

S. 37: Dozent in Yale
© Ron van den Bosch

S. 40: Genesee Abbey, 1974
© Br. Anthony Weber, Genesee Abbey

S. 44: Genesee Abbey, 1974
© Br. Anthony Weber, Genesee Abbey

S. 50: Henri mit Clown
© Ron van den Bosch

S 53: Jenner (Kalifornien), Frühling 1996
© Kevin Dwyer

S. 56: Henri Nouwen auf dem Greenbelt Art Festival in England, 1992
Foto: Stephen Larson
Mit freundlicher Erlaubnis der Henri Nouwen Archives

S. 62: Henri und Maria Nouwen, Yale 1978
Familienalbum der Familie Nouwen

S. 66: Henri und Laurent Nouwen (Vater), Geysteren 1993
Familienalbum der Familie Nouwen

S. 71: Henri Nouwen in Lima
Quelle: Henri Nouwen, *Thuis,* Lannoo NL-Tielt 2003, S. 16

S. 81: Jenner (Kalifornien), Frühling 1996
© Kevin Dwyer

S. 86: Henri Nouwen und Linda Slinger
Foto: Alan Cook

S. 92: Weihnachten in Daybreak, 1986
Unbekannter Fotograf
Mit freundlicher Erlaubnis der Henri Nouwen Archives

S. 98: Henri Nouwen und Adam Arnett
Unbekannter Fotograf
Mit freundlicher Erlaubnis der Henri Nouwen Archives

S. 103: Henri Nouwen und John Smeltzer, Daybreak 1992
Unbekannter Fotograf
Quelle: Jurjen Beumer, *Henri Nouwen.* Sein Leben – sein Glaube, S. 76

S. 113: Henri Nouwens Grabkreuz, Sacred-Heart-Friedhof bei Toronto (Kanada)
Familienalbum der Familie Nouwen

S. 115 oben: Die Flying Rodleighs
© Ron van den Bosch

S. 115 unten: Henri Nouwen am Trapez
© Ron van den Bosch

Henri Nouwen im Verlag Herder

Henri Nouwen – Vincent van Gogh
FEUER IN MEINEM HERZEN
Die Kraft der Mitmenschlichkeit
Herausgegeben von Franz Johna
Mit einem Vorwort von Anselm Grün
144 Seiten, gebunden mit Schutzumschlag, mit 12 vierfarbigen Abbildungen von Gemälden Vincent van Goghs
ISBN 3-451-29252-1

Henri Nouwen war ein Meister darin, die spirituelle Botschaft von Bildern zu entschlüsseln. *Feuer in meinem Herzen* enthält seine Betrachtungen über den großen flämischen Maler Vincent van Gogh. In der Leidenschaftlichkeit von van Goghs Leben und Werk entdeckt Nouwen etwas, das Solidarität, Trost und Stärkung vermittelt. Eine Textauswahl aus Schriften Henri Nouwens und Briefen Vincent van Goghs bringt beide miteinander in Dialog über die Kraft der Mitmenschlichkeit, die im Zentrum ihres Schaffens und Glaubens steht.

NIMM SEIN BILD IN DEIN HERZ
Geistliche Deutung eines Gemäldes von Rembrandt
Übertragung ins Deutsche von Ulrich Schütz
172 Seiten, gebunden mit Schutzumschlag
ISBN 3-451-22404-6

Vor dem Hintergrund von Rembrandts Leben erschließt Henri Nouwen dessen Meisterwerk *Die Rückkehr des Verlorenen Sohnes* als einen Einführungsweg in den Prozess spiritueller Reife.

HERDER

Höre auf die Stimme, die Liebe ist

Geistliche Deutung der Geschichte von Jesus
Mit Illustrationen von Rembrandt
Aus dem Amerikanischen übersetzt von Bernardin Schellenberger
192 Seiten, gebunden mit Schutzumschlag · ISBN 3-451-27903-7

Zusammen mit Illustrationen Rembrandts geben die Texte Henri Nouwens eine einzigartige geistliche Deutung der biblischen Jesus-Geschichte für unsere Zeit.

Ich hörte auf die Stille

Sieben Monate im Trappistenkloster
Aus dem Amerikanischen von Bernardin Schellenberger
272 Seiten, Herder Spektrum 5537 · ISBN 3-451-05537-6

Die weltbekannten Tagebuchnotizen aus dem Trappistenkloster bilden den Anfang des großen schriftstellerischen Werkes von Henri Nouwen.

Du bist der geliebte Mensch

Religiös Leben in einer säkularen Welt
Übersetzt von Bernardin Schellenberger
128 Seiten, gebunden · ISBN 3-451-29282-3

«Mein einziger Wunsch ist, dass diese Worte in jeder Zelle deines Wesens widerhallen mögen: Du bist ein geliebter Mensch.»

Gebete aus der Stille

Mit einer Einleitung von Anselm Grün
Übersetzt von Mathilde Wieman
144 Seiten, gebunden · ISBN 3-451-27554-6

Henri Nouwens *Gebete aus Stille* wurden während eines sechsmonatigen Klosteraufenthalts geschrieben. In seiner Einleitung der Neuausgabe zeigt Anselm Grün die Wurzeln von Henri Nouwens Spiritualität auf, die bis zu den Ursprungszeiten der Wüstenväter zurückreichen.

Auch als Hörbuch bei «steinbach sprechende Bücher & Herder»:
Ungekürzte Lesung. Sprecher: Markus Hoffmann
2 CD (ca. 160 Minuten) · ISBN 3-88698-875-9

In einem anderen Licht

Von der Kunst des Lebens und Sterbens
Herausgegeben von Andrea Schwarz
144 Seiten, gebunden · ISBN 3-451-28899-0

Zeit seines Lebens hat sich Henri Nouwen mit der Kunst des Sterbens beschäftigt und die eigene Erfahrung auf den Prüfstand gestellt: Aus den verschiedenen Büchern Nouwens, in die diese Erfahrungen eingeflossen sind, hat Andrea Schwarz die zentralen Abschnitte zusammengestellt: ein Kompendium, das hilft, das Leben in einem neuen, bereichernden Licht zu sehen.

Nach Hause finden

Wege zu einem erfüllteren Leben
Aus dem Amerikanischen übersetzt von Ingrid Proß-Gill
144 Seiten, gebunden · ISBN 3-451-28381-6

Die Weisheit einer Lebensreise. Dieses Buch enthält die gebündelte Antwort des großen geistlichen Schriftstellers auf die menschlichen Existenzfragen.

Adam und Ich

Eine ungewöhnliche Freundschaft
Aus dem Amerikanischen von Franz und Irene Johna
144 Seiten, Paperback · ISBN 3-451-28675-0

Nouwens Freundschaft mit dem schwerstbehinderten Adam gehört zu den intensivsten Erfahrungen seines Lebens. In diesem Buch erzählt er, wie die liebevolle Beziehung zu einem anderen Menschen zur Begegnung mit Jesus werden kann.

Die innere Stimme der Liebe

Aus der Tiefe der Angst zu neuem Vertrauen
Aus dem Amerikanischen von Franz Johna
128 Seiten, gebunden mit Schutzumschlag · ISBN 3-451-26249-5

Als eine Freundschaft zerbricht, glaubt Henri Nouwen, nicht mehr weiterleben zu können und findet Hilfe im Gespräch und in einem Tagebuch. Entstanden ist ein Buch der Selbsterkenntnis, das zeigt, wie auch aus bitterer Erfahrung Segen werden kann.

HERDER

Leben hier und jetzt
Jahreslesebuch
Aus dem Amerikanischen von Franz Johna
400 Seiten, Herder Spektrum 5570 · ISBN 3-451-05570-8

Für jeden Tag des Jahres hat Henri Nouwen einen Impulstext verfasst. Er folgt den Spuren des Lebens hinter den Fassaden des Alltäglichen.

Auf der Suche nach dem Leben
Ausgewählte Texte mit einer Einführung von Robert A. Jonas
208 Seiten, Halbleinen · ISBN 3-451-27588-0

Der weltbekannte geistliche Autor entfaltet in diesen Texten den Blick auf die wahre Natur der Dinge und der Menschen; ein Buch «von tiefer Wahrheit» (Richard Rohr). Mit einer Kurzbiographie von Robert A. Jonas über den beeindruckenden Weg Henri Nouwens.

Dem vertrauen, der mich hält
Das Gebet ins Leben nehmen
Herausgegeben von Wendy Wilson Greer
Aus dem Amerikanischen von Franz Johna
242 Seiten, gebunden · ISBN 3-451-27914-2

Die Texte von Henri Nouwen bieten Impulse zum Nachsinnen und wollen die Türen öffnen, um Gott im eigenen Beten näher zu kommen. Eine Auswahl von Gebeten Henri Nouwens rundet seine Meditationen ab und gibt ihnen konkrete Gestalt.

Als Hörbuch bei «steinbach sprechende bücher & Herder»
Die Kraft des Segens
Eine Auswahl mit Musik. Zusammenstellung Text und Musik Rik Bennik und Laurent Nouwen. Sprecher Gert Heidenreich
1 CD (ca. 76 Minuten) · ISBN 3-88698-882-1

HERDER

Christian Feldmann

Kämpfer – Träumer – Lebenskünstler
Heilige und große Gestalten für jeden Tag
672 Seiten, durchgehend zweifarbig,
zahlreiche Abbildungen in Duoton
gebunden mit Lesebändchen
ISBN 3-451-27325-X

Christian Feldmann hat in jahrelanger Recherche biografische Skizzen zu 720 «großen Gestalten und Heiligen» verfasst. Zusammen mit 165 Abbildungen ist daraus ein ökumenisches Jahreslesebuch geworden, das für jeden Tag des Jahres Lesestoff bietet: zu den Heiligen des katholischen Heiligenkalenders, zu den Glaubenszeugen der evangelischen Kirche und den Heiligen der Ostkirche, zu spirituellen Meistern der Menschheit, zu Menschen im Einsatz für andere.

«Buch des Monats» von *Publik Forum* (Dezember 2005)

«Mit 720 Einträgen und 165 Abbildungen hat Christian Feldmann ein Kalenderwerk geschaffen, in dem man erkennen und spüren kann, was die Engel meinten, die den Hirten auf dem Felde den Frieden für die Menschen verkündeten, die ‹Gott wohlgefallen›… Heiligenlegenden waren gestern. Heute ist ‹der Feldmann› das Standardwerk bedeutender Christen» (Norbert Copray)

«Buch der Woche» der *Evangelischen Sonntagszeitung* (1. Januar 2006):

«Von Abraham bis Zinzendorf reicht das Personenspektrum des großen ökumenischen Lesebuchs für jeden Tag des Jahres… allesamt auf ihre Weise Vorbilder, nicht nur für das neue Jahr» (Ev. Sonntagszeitung)

«Buchtipp der Woche» von *Paulinus*, Katholische Kirchenzeitung des Bistums Trier (Januar 2006), von *Liboriusblatt* (November 2005, Januar 2006), Buchempfehlung von *Basis*, Zeitschrift der Schönstatt-Bewegung (Februar 2006) und andere Buchempfehlungen

HERDER